LES ACTES

DES

JEUNES MARTYRS

MYSTÈRE

EN QUATRE PARTIES

Te martyrum candidatus
laudat exercitus.

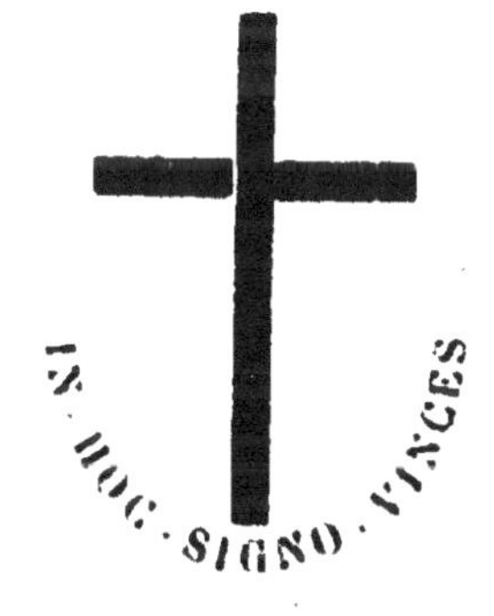

ROME

A · D · MDCCCLVII

LES ACTES
DES
JEUNES MARTYRS

MYSTÈRE
EN QUATRE PARTIES

Te martyrum candidatus
laudat exercitus.

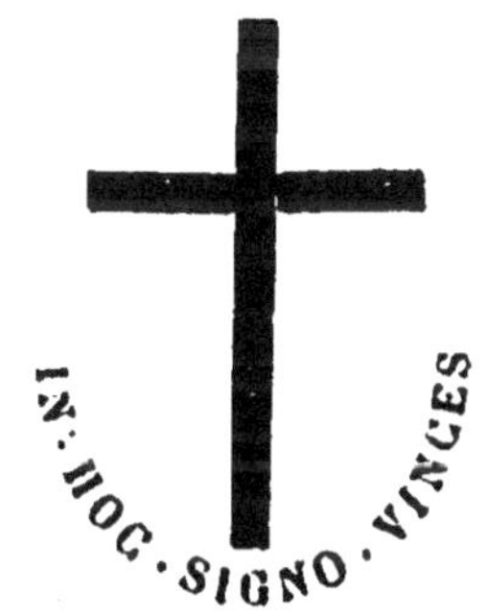

ROME
A·D·MDCCCLVII

PRÉFACE

Cette adaptation des anciens Mystères à la scène contemporaine paraîtra sans doute bien usée à tous ceux qui ont étudié, sur les originaux, ces éléments naïfs du théâtre et de l'art dramatique que les Racine et les Corneille ont depuis élevé si haut.

Ceci n'est qu'un essai écrit, *currente calamo*, — bien court et bien succinct si on le compare à la longueur du Mystère des Actes des Apôtres, par exemple, lequel ne remplit pas moins d'un volume in-folio à double colonne d'impression, quelque chose comme huit cent mille vers (1), et devait employer quarante journées à sa représentation grandiose. Plus de mille acteurs, vêtus avec une magnificence et un luxe inouï, décidèrent du succès prodigieux de cette poésie mystique. Sa vogue se maintint pendant plus d'un siècle. Les relations du temps

(1) Voyez les opuscules de Catherinot. (Onésime Leroy, *Etude sur les mystères*. Paris, 1837.)

s'épuisent en formules laudatives sur cette exubérante et splendide compilation religieuse, laquelle se termine, comme tous les mystères du moyen âge, par le *Te Deum*.

Les tendances réalistes du théâtre moderne sont allées si loin qu'il ne semble pas inutile de chercher à rétablir un courant contraire, afin, s'il est possible, de remonter, au point de vue religieux et moral, le niveau des intelligences.

Déjà plusieurs tentatives littéraires de ce genre ont assez bien réussi. Certains cercles religieux catholiques ont représenté, avec beaucoup d'à-propos et de succès, les Mystères de Noël et de Pâques, aux époques de l'année correspondantes.

L'intérêt avec lequel ces œuvres ont été écoutées nous fait espérer quelqu'indulgence pour celle-ci, en attendant que des auteurs plus instruits et plus capables, fassent paraître quelque pièce dans ces données spéciales, réellement digne d'estime et d'attention, susceptible surtout d'édifier son public d'élite, ce qui ne sera pas le moindre de ses avantages.

Nous croyons inutile de rappeler que les Mystères doivent s'écarter des règles du théâtre actuel; assez au moins pour conserver leur caractère particulier de naïveté et de simplicité, sans oublier la piété.

Notre seul mérite est de l'avoir essayé.

Pour l'intelligence de cette pièce, il serait utile de la faire précéder par quelque conférence sur les Catacombes, sur les usages de la primitive Église, sur Rome, et sur les différentes persécutions.

Il faudrait rappeler que les cimetières souterrains de Sainte-Agnès, de Flavia Domitilla, de Saint-Calépode, de Saint-Pancratès, etc., ont été les berceaux de notre Religion Chrétienne. Elle s'y est établie et affermie. De là, elle a pris son essor pour rayonner sur le monde entier après avoir vaincu le paganisme submergé dans le sang des martyrs.

La pierre tumulaire de Septentrion, — devenu saint Candide dans notre Mystère, — se trouve encastrée dans la base de la tour Romaine servant de campanile à l'église paroissiale d'Antibes dont le nom primitif était Antipolis.

Antibes est une jolie et fort ancienne petite ville, — conservant quelques souvenirs de sa grandeur passée, — dans une ravissante situation sur le bord de la Méditerranée, à l'entrée du département des Alpes-Maritimes.

Voici le texte exact de cette inscription, la plus connue et la plus célèbre du midi de la France.

D · M
PVERI · SEPTENTRI
ONIS · ANNOR · XII · QVI
ANTIPOLI · IN · THEATRO
BIDVO · SALTAVIT · ET · PLACVIT

Les corps des saints Tarcisius, Candidus, Théodore, Vital et Félix, réunis, sont vénérés dans une église de Lorraine qui possède, en outre, des reliques de tous les saints dont il est parlé dans les *Actes des Jeunes Martyrs*.

Ce Mystère offre quelques fragments tirés de Fabiola ou l'Église des Catacombes, par le Cardinal Wiseman.

L'ouvrage de Lytton Bulwer, — le dernier jour de Pompéï, — a donné lieu aussi à quelques réminiscences.

On trouvera réunis quelques personnages d'époques diverses. Nous avons cru pouvoir imiter en cela de nombreux auteurs, particulièrement l'auteur de Fabiola qui nous a guidé dans ce travail dont l'initiative lui appartient.

A propos de la musique de la Pantomime, nous déclarons que nous avons préféré choisir des airs provenant d'illustres maîtres, et s'adaptant aux situations, — plutôt que d'en introduire de nouveaux qui n'auraient jamais pu prétendre ni au mérite, ni au charme incontestablement reconnu et apprécié de ceux-ci. — On le pouvait d'autant mieux que ce modeste essai n'est point destiné à être mis dans le commerce.

PERSONNAGES DU MYSTÈRE

DIOGÈNE. — Fossor en chef des Catacombes (S. Diogène prêtre et martyr) 70 ans.

TARCISIUS. — Acolyte (St Tarcisius Protomartyr de l'Eucharistie) de 12 à 14 ans.)

VITAL. — Fils de Cœcilius, cousin de Félix (S. Vital, martyr) 14 ans.

FÉLIX. — Neveu de Cœcilius et de Lépidus. (St Félix, martyr.) Païen, puis chrétien, 13 ans.

SEPTENTRION. — Saltator et mime. (St Candide martyr.), Païen puis chrétien, 12 ans.

DAMASUS Ier. — Evêque de Rome. (St Damase, pape.) 67 ans.

SÉBASTIEN. — Tribun romain, frère de Fabiola. (St Sébastien martyr) 45 ans.

CONSTANTIN. — Empereur. 40 ans.

CŒCILIUS. — Noble romain; confesseur de la foi; aveuglé par les païens en haine de la Religion. Père de Vital; oncle de Félix. (St Cœcilius, martyr, veuf de Ste Lucine, martyre) 60 ans.

BÉATUS. — Ecolier, orphelin, chrétien. (St Béatus, martyr.) De 8 à 12 ans.

DONATUS. — Beau-fils d'Arbacès. (St Théodore, martyr) Ecolier païen, puis chrétien, 14 ans 1/2.

TERTULLUS. — Proconsul romain, Païen. 50 ans.

LEPIDUS. — Oncle et tuteur de Félix, beau-frère de Cœcilius, païen. 45 ans.

ARBACÈS. — Pontife d'Isis, beau-père de Donatus. 47 ans.

SÉVÉRUS. — Ecolier païen. 14 ans.

EUGENIUS. — id. 13 ans.

LUCIUS. — id. 12 ans.

FABIUS. — id. 13 ans.

SCIPION. — id. 12 ans.

FABIOLA. — Veuve, sœur de Sébastien, (Ste Fabiola, martyre). Païenne, puis chrétienne. 37 ans.

SORCIÈRE, — SATAN.

PRÊTRES CHRÉTIENS, MAGES, GARDES, ÉCOLIERS, SOLDATS, PEUPLE, ANGES, DÉMONS, etc.

(L'action se passe à Rome au commencement du IVe siècle).

PERSONNAGES DE L'INTERMÈDE

ORPHÉE. — (Septentrion).
PREMIER BERGER,
DEUXIÈME BERGER.
TROISIÈME BERGER.
PREMIER GUERRIER.
DEUXIÈME GUERRIER.

	ATTRIBUTS.
POLYMNIE. — Muse de la Mémoire (l'Ode).	Rouleau de papyrus.
CLIO. — Muse de l'Histoire (Peinture).	Tablettes et style.
EUTERPE. — Muse de l'Harmonie (Musiq.).	Lyre.
URANIE. — Muse de l'Astronomie.	Sphère.
TERPSICHORE. — Muse de la Danse.	Tympanon,
ERATO. — Muse de la Poésie légère.	Guirlande de roses.
MELPOMÈNE. — Muse de la Tragédie.	Poignard.
THALIE. — Muse de la Comédie.	Masque antique.
CALLIOPE. — Muse de la Poésie épique.	Lauriers.
UN GÉNIE.	
VIRGILE.	
LA SYBILLE DE CUMES.	Livres Sybillins.
LA SYBILLE D'ERYTHRÉE.	Id.
LA SYBILLE DE SARDES.	Id.
LA SYBILLE DE DELPHES.	Id.

UN LION; UN OURS; UN TIGRE; UN DRAGON.

Sanctorum meritis, inclyta gaudia
Pangamus socii gestaque fortia
Gliscens fert animus promere cantibus
Victorum genus optimum.

LES ACTES

DES

JEUNES MARTYRS

PROLOGUE

2e rideau représentant un Portique à Rome

LA PIÉTÉ, LA FOI, L'ESPÉRANCE, LA CHARITÉ

LA PIÉTÉ

Je suis la Piété. — Voici mes sœurs : — la Foi, — l'Espérance et la Charité.

Ceux qui nous ont aimées et suivies les premiers, ce sont les martyrs. — Ce sont les plus fidèles. — Ils sont arrivés au plus haut degré de gloire et cela avec justice. — Peut-on faire davantage que d'accepter la souffrance et donner sa vie?

Des enfants même ont montré ce magnifique exemple au monde. Plus célèbres que les Rois, plus savants et plus sages que les savants et les sages du monde, plus vieux dans leur vertu que les centenaires, je viens les proposer à votre admiration.

Tarcisius, — le protomartyr de l'Eucharistie, — personnifie la Foi.

Vital, — le bienheureux fils des martyrs Cœcilius et Lucine, — indiquera la Piété.

Félix, sauvé parmi les infidèles.

Septentrion, l'esclave malheureux.

Donatus, le criminel repentant. — Tous les trois signifient l'Espérance. Et vous tous qui êtes présents, — si vous ouvrez vos cœurs, si vous comprenez mon langage, si vous excusez les fautes que la jeunesse et la fragilité humaine peuvent faire commettre à ceux qui vont s'offrir à vos yeux sous les traits de ces antiques et célèbres personnages, — tous alors vous représenterez la plus grande de ces vertus, — la Charité.

PREMIÈRE PARTIE

Illi sunt quos fatua mundus abhorruit,
Hunc fructu vacuam floribus aridum
Contempsere tui nominis assecle
Jesu Rex bone cœlitum

PREMIÈRE PARTIE

L'Atrium du Palais de Cœcilius.

SCÈNE PREMIÈRE.

COECILIUS, DIOGÈNE.

DIOGÈNE. (Il entre en se hâtant et guidant l'aveugle Cœcilius.)

Dieu soit béni ! — Nous voici hors de danger. — Mais n'êtes-vous pas blessé, noble Cœcilius ? — N'auriez-vous pas été atteint par les pierres qu'on nous a jetées ?

CŒCILIUS.

Heureusement non. — Et vous, cher Diogène ?

DIOGÈNE.

Je suis pareillement sain et sauf. — Remettez-vous donc, seigneur, — voici votre siège.

CŒCILIUS.

Merci, merci, Diogène. — Sans votre secours si opportun, que serait devenu le pauvre aveugle !

DIOGÈNE.

Dieu nous protège.

CŒCILIUS.

Dieu nous protégera toujours, Diogène. — Grâce à lui, j'ai pu avertir à temps le Souverain Pontife, et le préserver des embûches dressées par nos ennemis. — De plus, j'ai le bonheur de lui offrir un asile ici même.

Mais par qui avons-nous été assaillis, Diogène?

DIOGÈNE.

Par une troupe de jeunes bandits du voisinage, dont votre illustre parent, le brave guerrier Sébastien, m'a délivré, moi personnellement, plusieurs fois déjà. — Ils nous soupçonnent d'être chrétiens, et, par le temps qui court, c'est un titre à la persécution et aux avanies de tout genre.

Qui le sait mieux que vous, noble Cœcilius, vous, confesseur de la Foi, qui avez subi d'affreux supplices, tandis que Lucine, votre sainte compagne, obtenait d'avance la couronne immortelle que vous posséderez un jour.

CŒCILIUS.

Soli Deo honor et gloria, Diogène; ne l'oublions jamais. Peut-être le Seigneur a-t-il jugé que j'étais encore utile à mon fils, mon cher Vital. — Que sa sainte volonté soit faite!

Dites-moi, Diogène, ces jeunes persécuteurs, les avez-vous reconnus?

DIOGÈNE.

Hélas! oui. — Ce sont les mauvais écoliers païens de l'excellent maître chrétien Cassianus. Et celui qui les excite, qui est leur chef, n'est autre que le jeune Donatus, fils de l'ancien Préteur de Syrie tué jadis par des pirates grecs.

La mère de Donatus, — cette belle et malheureuse Théodora, — tombée au pouvoir des vainqueurs, a été vendue avec son fils au redoutable Hiérophante d'Isis, — Arbacès, — le mage égyptien, notre ennemi juré. Mais vous devez vous souvenir de Théodora, Cœcilius ?

CŒCILIUS.

Je me la rappelle d'autant mieux qu'après l'avoir fait instruire des mystères de notre Foi par ma chère Lucine, je l'ai baptisée moi-même à ses derniers moments, pendant qu'Arbacès fuyait en Égypte accusé de l'avoir fait périr.

DIOGÈNE.

En effet, Théodora est morte par suite des mauvais traitements d'Arbacès, furieux de ce qu'elle avait osé porter des secours aux confesseurs de la Foi dont elle partageait secrètement les croyances.

Je me souviens que c'est moi-même qui ai déposé en paix la bienheureuse Théodora dans la catacombe de Flavia Domitilla, c'est moi qui ai gravé l'inscription sur la pierre qui recouvre son loculus.

Les chrétiens étant alors, — comme aujourd'hui, — hors la loi, Arbacès n'a pas eu de peine à se disculper et à rentrer en grâce. — Il élève Donatus dans la haine du Christ, et le surexcite de toutes ses forces contre nous.

CŒCILIUS.

Eh bien ! nous prierons pour cet enfant, Diogène ; nous demanderons à Dieu la conversion que la bienheureuse Théodora, sa mère, lui obtiendra sans nul doute. — Prions aussi pour Arbacès et pour nos persécuteurs.

DIOGÈNE.

Je joindrai mes humbles prières aux vôtres, noble Cœcilius, — mais j'oublie le but de ma visite. — J'ai des soucis bien graves, et je venais pour vous en parler.

COECILIUS.

Qu'est-ce donc ? — Je vous écoute.

DIOGÈNE.

Je viens de lire le décret de Maximin Daïa, — les mesures édictées contre les chrétiens sont formidables, et je ne doute pas,— malgré les espérances vagues des victoires et du retour de Constantin, — que le sang des fidèles ne soit répandu plus abondamment qu'il ne l'a jamais été.

Cependant nos précautions sont prises, les catacombes aussi sont prêtes.

Tarcisius et moi nous serons vos émissaires pour le salut des fidèles.

COECILIUS.

Et moi et mon fils, nous vous transmettrons les ordres du très Saint Père Damasus, puisqu'il a daigné choisir ma maison pour demeure.

Dieu veuille que cet asile ne soit pas découvert !

DIOGÈNE.

Espérons que non. — Mais, noble Cœcilius, cette généreuse hospitalité vous expose à bien des périls.

COECILIUS.

Diogène ! ne vous rappelez-vous pas le cruel supplice et le glorieux trépas de ma compagne bien-aimée ? — J'ose demander continuellement à Dieu la même grâce pour moi, et pour mon fils Vital. — J'ai le ferme espoir d'être bientôt exaucé.

DIOGÈNE.

Noble Cœcilius ! vos paroles ont un accent prophétique. — Nous allons perdre en vous un appui précieux ; en Vital, votre fils, le modèle des jeunes chrétiens, mais la récompense éternelle, le bonheur des cieux vous sont réservés. — Plutôt vous en jouirez, plutôt ceux qui vous sont véritablement attachés en béniront la Providence.

CŒCILIUS.

Vous parlez avec sagesse, Diogène; — priez pour nous, hâtez-nous par là ce bonheur que vous appréciez à si juste titre.

DIOGÈNE.

Savez-vous que votre fils est un apôtre ? — Non seulement il prêche d'exemple, mais déjà Vital a converti plusieurs de ses condisciples, entr'autres le jeune et célèbre Septentrion, qui passe pour le plus charmant danseur et mime de Rome aux yeux du peuple, tandis que nous le connaissons, — grâce à votre fils, — pour l'un de nos plus fervents néophytes. Vital nous a conjuré de prier et de faire prier pour que son ami puisse quitter ce métier si dangereux, — mais il est esclave, Septentrion, et l'esclave d'un terrible maître.

CŒCILIUS.

Vital m'en a souvent parlé; souvent aussi nous pensons à ce pauvre enfant dont la foi vive, la piété ardente et la vie très malheureuse semblent devoir mériter, — à lui aussi, — la couronne du martyre. — Vous savez qu'il est fils d'un roi de Cambrie massacré avec sa famille pendant nos guerres du nord. — Sa beauté et sa candeur ont désarmé les Barbares. — Ceux-ci l'ont vendu à Fulvius le danseur, un asiatique sans pitié, le plus méchant des hommes.

DIOGÈNE.

Ce Fulvius est un ancien affranchi de l'Hiérophante Arbacès. Je sais qu'il maltraite et qu'il tourmente le pauvre Septentrion avec des raffinements de cruauté incroyable, malgré la soumission, la patience, et la résignation touchantes du meilleur et du plus docile des enfants. Je pourrais ajouter l'un des plus intelligents et des mieux doués que j'ai jamais connus.

Mais j'oublie encore un autre motif de ma présence ici; je me hâte de vous le dire pendant que j'y pense. Excusez un vieillard dont la mémoire n'est plus ce qu'elle était autrefois.

Les offices et réunions auront lieu désormais dans la catacombe de Sainte-Agnès, à moins d'avis contraire. Notre Saint Père le Pape s'y trouvera avec les prêtres des titres, les diacres régionnaires, les notaires ecclésiastiques dont le nombre est maintenant complet, et enfin, moi, Diogène, Fossor en chef, nommé, quoiqu'indigne, à cet emploi si important dans l'Église des Catacombes.

Vous, noble Cœcilius, nous n'y pouvez manquer. Confesseur de la Foi, bienfaiteur insigne de l'Église, vous devez paraître en tête des fidèles selon l'ordre que vous en avez reçu de nos chefs religieux.

Dans tous les cas, si le lieu ou l'heure étaient changés, je vous enverrais pour vous avertir notre cher orphelin Tarcisius qui remplit maintenant, malgré sa jeunesse, les fonctions d'acolyte avec la piété et la ferveur d'un ange.

CŒCILIUS.

Avant de me quitter, Diogène, dites-moi si mon message vous est parvenu? — Il s'agissait de nous préparer une tombe près de la Basilique, afin que tous réunis, Lucine, Vital et moi dans le ciel, nous puissions l'être aussi sur la terre.

DIOGÈNE.

C'est une sainte pensée, seigneur; ce que Dieu a uni doit l'être en tout lieu. — Je m'en suis occupé, vos désirs seront satisfaits.

Mais quel est le jeune messager que vous m'avez envoyé, peut-on se fier à lui?

CŒCILIUS.

Je croyais que vous le connaissiez ; c'est mon neveu Félix, le fils des martyrs Chrysanthe et Daria.

DIOGÈNE.

Il est sans doute chrétien ?

CŒCILIUS.

Malheureusement non. — Son tuteur Lépidus, mon beau-frère, gâte et détruit à plaisir l'œuvre de Dieu si bien commencée.

— Prions aussi pour lui, Diogène.

DIOGÈNE.

Je le ferai sans doute. Ne désespérez pas, noble Cœcilius, le fils de ces illustres martyrs sera protégé par eux et ne saurait succomber.

Mais le temps s'écoule, permettez-moi de vous quitter et d'aller reprendre mes travaux si nombreux et si pressés.

— Que la paix soit avec vous.

CŒCILIUS.

Que la grâce du Seigneur vous accompagne, Diogène.

SCÈNE II.

CŒCILIUS, puis VITAL.

CŒCILIUS.

Que fait donc Vital ? — Il est déjà tard, je crois. — Ah ! je l'entends.

Te voilà, mon cher fils ; — Félix est-il avec toi ?

VITAL.

Non, Père chéri, je suis seul.

CŒCILIUS.

Et Sébastien ? — Viendra-t-il ?

VITAL.

Tout à l'heure, en passant avec ses soldats, il compte s'arrêter un instant pour vous parler.

CŒCILIUS.

Mais tu es en retard, mon bien cher enfant, j'aime à croire qu'aucun accident n'est arrivé en chemin ?

VITAL.

Aucun, je vous l'assure. — Au contraire, il ne m'est rien arrivé que de très agréable : de si agréable même que je ne sais vraiment si je me hasarderai à vous le confier.

CŒCILIUS.

Oh ! Vital ! qu'as-tu fait ?

VITAL.

Ne craignez rien, Père bien-aimé ; votre fils n'a rien fait qui puisse vous affliger. Dites-moi seulement si vous désirez savoir tout ce qui m'est arrivé aujourd'hui, ou seulement la cause de mon retard ?

CŒCILIUS.

Dis-moi tout, mon enfant ; rien de ce qui te concerne ne peut m'être indifférent : — tu le sais bien.

VITAL.

D'abord, je vous annoncerai que Septentrion, conduit et dirigé par Tarcisius, notre nouvel acolyte, s'est présenté à l'examen des cathécumènes, et j'ai eu le bonheur de le voir reçu avec éloge. Il a fait grand honneur à nos humbles leçons, et l'élève a surpassé le maître.

Ensuite j'ai été couronné premier dans la thèse que notre bon maître Cassianus nous avait donnée pour tâche.

Il s'agissait de prouver que le vrai philosophe doit être toujours prêt à mourir pour la vérité.

Je n'ai rien entendu d'aussi froid, d'aussi insipide que les compositions lues tour à tour par mes camarades. — Pauvres amis, ce n'est pas leur faute, quelle vérité peuvent-ils posséder ? — Quels motifs peuvent-ils avoir de mourir pour leurs vaines opinions ?

Mais à un chrétien ! Quelles délicieuses idées un pareil sujet n'amène-t-il pas ? — J'en ai fait l'expérience. — Plein des principes et des exemples que vous m'avez donnés, mon cœur s'embrasait, ma tête semblait en feu !... — fils et neveu de martyrs, pouvais-je sentir différemment ? — Aussi quand est venu mon tour de lire, mes sentiments ont manqué de me trahir d'une manière fatale. — Dans la chaleur de mes paroles, le mot de : *chrétien* s'échappait de mes lèvres au lieu de : *philosophe*. — Je disais : *foi* au lieu de : *vérité*.

A la première méprise, je vis tressaillir Cassianus. A la seconde, une larme a brillé dans ses yeux et se penchant affectueusement vers moi, il m'a dit tout bas : — Prenez garde, mon enfant ; il y a ici des oreilles indiscrètes qui écoutent.

CÆCILIUS.

Continue, mon cher enfant ; ses craintes étaient-elles fondées ?

VITAL

J'en ai peur ; car tandis que la plupart de mes condisciples applaudissaient à ma chaleureuse déclamation, — j'ai vu les grands yeux noirs de l'un d'eux se fixer menaçants sur moi, tandis qu'il se mordait les lèvres avec une colère concentrée.

CŒCILIUS.

Et qui est-il donc, mon enfant, celui qui s'est montré si furieux ; et pourquoi cette colère ?

VITAL.

C'est le plus intelligent et le plus fort, mais malheureusement l'un des moins bons de l'école. Et je ne sais pourquoi il a toujours semblé avoir contre moi un mauvais vouloir dont je ne puis comprendre la cause, à moins que ce ne soit l'amitié dont m'honore Sébastien, ce guerrier puissant et respecté, qu'il craint et qu'il déteste. — Il se nomme Donatus.

CŒCILIUS.

Comment, Donatus ? le beau fils d'Arbacès, le mage égyptien ?

VITAL.

Lui-même.

CŒCILIUS

Ah ! c'est ce Donatus ! — T'a-t-il dit ou fait quelque chose ?

VITAL.

Oui, et c'est là le motif de mon retard. — Lorsque nous revenions de l'école, il s'est mis à m'insulter devant tous mes camarades.

— Hé bien ! noble Vital, m'a-t-il dit, j'ai un compte à régler avec vous. Vous avez pris plaisir à étaler à l'école votre supériorité sur moi, et sur bien d'autres qui valent mieux que vous. — Pendant que vous débitiez vos phrases ampoulées, j'ai retenu quelques expressions dont vous pourrez avoir à vous plaindre, et cela bientôt. — Avant que vous nous quittiez, venez prendre votre revanche ; ayez le courage de vous mesurer avec moi, si vous êtes digne de votre rang !

CŒCILIUS (inquiet).

Et qu'avez-vous répondu, mon cher fils ?

VITAL.

Je lui ai fait observer avec calme qu'il était dans l'erreur, et que je n'avais jamais eu l'intention de l'affliger lui ou mes autres camarades. — Et quant à ce que vous me proposez, ai-je ajouté, vous savez que je me suis toujours refusé à prendre part aux luttes corps à corps. Elles commencent tranquillement parfois, et se terminent toujours par des combats acharnés, et par la soif de la vengeance. Combien plus dois-je m'y refuser aujourd'hui, que vous avouez, vous-même, être animé des mauvais sentiments qui en sont la conséquence.

Cependant nos camarades avaient fait cercle autour de nous, et je voyais bien qu'ils étaient tous contre moi ; aussi ai-je gaîment ajouté : — Et maintenant, adieu, mes amis, que le bonheur vous accompagne, — je vous quitte comme j'ai toujours vécu avec vous, c'est-à-dire en paix. — Non pas ! s'est écrié Donatus le visage pourpre de colère, non pas. Vous... (il s'arrête, suffoqué) je ne puis continuer, je n'ose pas dire le reste !

CŒCILIUS (la main posée sur la tête de Vital).

Pour l'amour de Dieu, — par la mémoire de votre sainte mère, je vous en conjure, ne me cachez rien. Il n'est plus de repos pour moi si vous ne me révélez tout ! — Que vous a encore dit, ou fait, ce Donatus ?

VITAL (très ému).

Non pas !... s'est écrié Donatus. Vous ne nous quitterez pas ainsi. Malgré votre fameux ami Sébastien, je saurai bien vous atteindre. D'ici là, emportez ce gage de ma vengeance ! — En disant cela, il m'a donné au visage un coup furieux qui m'a fait chanceler, pendant que des rires sauvages s'élevaient autour de moi ! (*Il pleure. — Un silence*).

Oh ! comme à ce moment j'ai senti mon sang bouillonner ! — Comme mon cœur bondissait, tandis qu'une voix railleuse semblait murmurer le nom de lâche ! — C'était sûrement la voix de l'esprit du mal.

Je me sentais assez fort pour saisir à la gorge mon brutal adversaire, et le jeter à mes pieds ! J'entendais déjà les applaudissements qui auraient salué ma victoire. — Ce fut la plus terrible tentation de ma vie. Jamais la chair et le sang ne se révoltèrent avec plus de force ! — O mon Dieu ! puissent-ils ne plus me faire sentir leur redoutable empire ! (*Il cache sa figure entre ses mains*).

CÆCILIUS.

Et qu'avez-vous fait alors, mon cher enfant ?

VITAL.

Mon bon ange a triomphé du démon qui me tentait. — J'ai pensé à notre divin Sauveur qui, entouré d'ennemis le raillant et le menaçant, fut aussi frappé ignominieusement à la joue, dans la maison de Caïphe. Lui pourtant pardonna sans murmurer. Pouvais-je agir autrement ? — J'ai tendu la main à Donatus en lui disant : — Puisse Dieu vous pardonner aussi entièrement que je vous pardonne, et puisse-t-il répandre sur vous ses grâces les plus signalées.

A ce moment est arrivé Cassianus, et à son aspect tous les écoliers se sont enfuis. Je l'ai supplié de ne pas inquiéter Donatus, il me l'a promis. — (*D'une voix plus douce*) Et maintenant, Père bien-aimé, maintenant ne pensez-vous pas que je doive appeler ce jour-ci un jour heureux ?

CŒCILIUS (*attirant son fils sur son cœur*).

O mon fils ! — Reçois les plus tendres bénédictions d'un

père dont le cœur éclate de reconnaissance envers Dieu qui l'exauce au-delà de ses plus chers désirs. — (Un silence.)

SCÈNE III.

CŒCILIUS, VITAL, FÉLIX.

VITAL (se relevant).

Père, voici Félix.

FÉLIX.

Je me suis échappé pour venir ici. — Vous savez combien je vous aime tous les deux. — Vous êtes mon père et mon frère.

CŒCILIUS.

Cher Félix ! Je te regarde bien aussi comme mon fils.

VITAL.

Oh oui ! et moi, comme un frère chéri.

FÉLIX (avec animation).

Figurez-vous ce qui vient de m'arriver ; il faut que je vous le raconte. — Lépidus m'a donné un magnifique cheval arabe. J'ai voulu l'essayer de suite, et j'étais déjà tout joyeux de monter un aussi beau coursier, lorsque tout à coup, dès qu'il m'a senti sur son dos, il s'est mis à ruer, à bondir, à se rouler à terre. — Bien m'en a pris d'être leste, et d'avoir sauté à bas immédiatement, sans quoi il m'aurait tué ! — Mais ce n'est pas tout ; j'ai fini par le rattraper et je l'ai ramené, malgré ses ruades, à l'écurie. — En soulevant la selle, savez-vous ce que j'ai trouvé ?

CÆCILIUS.

Parle, mon enfant.

VITAL.

Hé bien ?

FÉLIX.

Hé bien, j'ai découvert une quantité d'épines aiguës et piquantes cachées dessous la selle ! — Vous comprenez qu'au moindre mouvement il devait joliment souffrir, ce pauvre animal !

CÆCILIUS.

Quelle noire méchanceté !

VITAL.

Mais c'est affreux !

FÉLIX.

Enfin j'ai de mon mieux soigné et calmé la malheureuse bête, si bien que j'ai pu remonter, et que, tout à fait soulagé et tranquillisé, il m'a laissé faire avec lui une charmante promenade.

Lépidus m'a rencontré sur la voie Appienne ; il a eu l'air tout étonné de mon talent d'équitation, comme s'il ne le connaissait pas.

Mais c'est assez parler de moi, qu'avez-vous donc ? Je vous ai trouvés bien graves en arrivant, on dirait que vous avez pleuré ?

VITAL.

On peut pleurer de joie.

FÉLIX.

Ah, par exemple ! je ne comprends pas cela.

CÆCILIUS.

Dieu nous aime, et nous ménage parfois des instants d'un bonheur ineffable !... Mais ce bonheur n'est pas complet, Félix.

FÉLIX.

Oh je sais ! — Vous voudriez me voir chrétien en réalité, car certes, je le suis de cœur ; — mais comment y arriver ? Auparavant Lépidus me tuerait ! — Hélas ! je suis assez malheureux ! il m'a en horreur, je le vois bien ! — Continuellement je suis injurié et battu. — Avant hier, j'ai cru pouvoir aller un instant chez Sébastien, mon défenseur et mon protecteur, il est si bon, si brave ! — C'est notre parent, je ne croyais pas faire de mal en allant le voir. D'ailleurs Lépidus passe des semaines entières sans me parler, ou s'occuper de moi. — Quand je suis rentré, mon tuteur m'a demandé d'où je venais, puis, dès qu'il l'a su, il m'a fait saisir par ses esclaves. On m'a attaché contre le poteau qui leur est destiné, et j'ai été cruellement frappé comme si j'étais esclave moi-même, pendant que Lépidus riait avec ses amis en m'entendant gémir, et s'enivrait comme d'habitude.

CÆCILIUS.

Pauvre enfant !

FÉLIX.

Pour me consoler, j'ai pensé tout d'abord à votre héroïsme, mon cher oncle, à ces yeux que vous avez si généreusement sacrifiés pour le Christ. — Et puis encore, à l'un de mes camarades, l'infortuné Septentrion, beaucoup plus maltraité que je ne le suis, et bien plus résigné, plus patient. — C'est pour me dédommager, je le présume, que Lépidus m'a donné ce beau cheval ; et pourtant cela m'a paru singulier, car ce n'est pas son habitude d'être bon pour moi.

COECILIUS.

Lépidus t'avait donc défendu d'aller chez Sébastien ?

FÉLIX.

Jamais ! jamais, mon oncle. — Oh ! me croyez-vous donc capable de désobéir à mon tuteur, vous qui me recommandez toujours la docilité ?

COECILIUS.

Non, mon enfant. Je vois que tu agis bien. Dieu te protégera, je te l'assure. Continue à mériter notre estime et notre tendresse, même au prix de la douleur, même au prix de la malveillance. — Notre divin Sauveur a porté une croix infiniment plus lourde que la tienne ; — il te récompensera.

Mais qu'as-tu donc, mon cher enfant ? — Pourquoi pleures-tu ?

FÉLIX.

Ah ! je ne pleure pas de joie, moi ! Je tremble et je frémis à l'idée que Lépidus peut m'empêcher de venir ici ! — Je n'ai plus que vous et Sébastien qui m'aimiez dans ce monde.

COECILIUS.

Calme-toi, mon enfant ; cela n'arrivera probablement point. — Essuie tes yeux ; allons, sois courageux.

VITAL (prenant la main de Félix).

O mon Félix ! combien je partage tes peines !...

... Mais qui est là ? — Ah ! c'est Tarcisius.

SCÈNE IV.

CŒCILIUS, VITAL, FÉLIX, TARCISIUS.

VITAL (allant au-devant de Tarcisius.— A part).

Qu'avez-vous à annoncer, cher Tarcisius, y a-t-il quelque chose de nouveau ?

TARCISIUS (à part).

Vital! je voudrais parler à votre père secrètement, s'il est possible.

VITAL (conduisant Tarcisius près de Cœcilius. — A part).

Père ? voilà Tarcisius qui aurait à vous entretenir en particulier.

(Vital va retrouver Félix, l'emmène à l'écart et cause tout bas avec lui.)

CŒCILIUS.

Que voulez-vous, mon bien cher enfant ?

TARCISIUS.

Noble Cœcilius, Diogène m'envoie vous avertir que le proconsul Tertullus fait chercher partout le Souverain Pontife ; — la réunion des fidèles au cimetière de Sainte-Agnès ne peut être convoquée en ce moment. — L'assemblée aura lieu néanmoins dans la catacombe de Flavia Domitilla. Les cathécumènes désignés y seront baptisés.

CŒCILIUS.

Merci, mon cher enfant ; j'y serai.

TARCISIUS.

Encore un mot, je vous prie. — Les confesseurs de la Foi, enchaînés dans l'amphithéâtre de Flavien, soupirent après le viatique qui doit les fortifier au moment du combat suprême pour le Christ. Quel sera l'heureux messager ? — Je voudrais demander à notre très saint Père de le désigner.

CŒCILIUS (appelant).

Vital !

VITAL (quittant Felix).

Mon père ?

CŒCILIUS (à part).

Vital, conduis Tarcisius dans cette maison isolée au fond du jardin, et prenez tout deux les plus grandes précautions pour ne pas être aperçus. —(Haut) Félix, nous te quittons un instant; reste si tu veux, ma demeure est la tienne.

FÉLIX.

Oh ! je reste. — Je vous attendrai volontiers.

(Cœcilius sort, guidé par Vital.)

SCÈNE V.

FÉLIX, TARCISIUS.

TARCISIUS (se retournant avant de franchir le seuil).

Adieu, cher Félix. — Bientôt vous serez des nôtres (*exit*).

SCÈNE VI.

FÉLIX.

Que veut-il dire ? — Ah ! je comprends. — Devenir chrétien comme ils le sont eux-mêmes. — Si cela se pouvait, je serais au comble de mes vœux.

Certainement ceux-là possèdent le vrai bonheur. — Quelle paix, quel calme dans cette demeure ! — Et pourtant c'est terrible d'être aveugle ! Toujours dans les ténèbres, dans la nuit ! Quelle force d'âme il faut, pour supporter cela avec patience !...

Mais qu'est devenue l'ancienne magnificence de leur palais ? — Où sont les statues, les meubles, les fleurs rares, les vases de porphyre ? On dit qu'ils ont tout vendu pour en donner le prix aux pauvres et pour l'ornementation du temple de Dieu. — C'est beau cela ! c'est généreux, c'est grand, c'est noble. — Je voudrais agir ainsi...

Tiens ! mon gracieux tuteur ! — Il sort probablement d'un temple de Bacchus, lui ! — Un temple orné de bouteilles remplies de bons vins !

— Il aura fait des libations ! — nombreuses ! — Et c'est moi qui les paierai, comme toujours ! — Il est avec Arbacès, le grand prêtre d'Isis. Ils ne se quittent plus maintenant, ils sont toujours ensemble...

SCÈNE VII.

FÉLIX, LÉPIDUS, ARBACÈS.

LÉPIDUS (légèrement ivre à Arbacès).

Vous, Arbacès, vous préférez le vin de Cécube au Falerne chanté par Horace. Moi, je les apprécie tous les deux. Voilà.

ARBACÈS (dédaigneusement).

On s'en aperçoit !

LÉPIDUS (reconnaissant Félix).

Félix ! — que fais-tu là, vaurien ? — Pourquoi oses-tu venir chez des gens qui te donnent, — c'est sûr, — de mauvais conseils ?

FÉLIX.

O Lépidus ! vous ne le pensez pas !

LÉPIDUS.

Si, parfaitement, je le pense. — Il n'est pas douteux pour moi qu'ils fassent partie de la secte infâme des chrétiens. Ils veulent t'y entraîner, je vois cela ; mais je les surveille. — Au fait, je te trouve bien froid à l'égard de nos Dieux !

FÉLIX.

Vos dieux ! vous n'avez pas cessé de vous en moquer, hier soir après souper. Vous les avez accablés de sottises et d'injures ! Ils n'ont rien répliqué, vos dieux de bois !

LÉPIDUS (se montant peu à peu).

Qu'est-ce à dire mes dieux ? — Ne seraient-ils plus les tiens, petit impie ! Que veut dire ce langage insolent ? — Cette peste de Vital t'aura monté la tête ! — Je vais y mettre ordre. D'abord, tu viendras avec moi aux Fêtes Impériales et au temple d'Isis ; — tu y sacrifieras, et si tu ne t'y tiens pas de façon à m'apaiser, prends garde à toi ! car si je ne me rétenais !...

ARBACÈS (le retenant).

Laissez le, Lépidus, laissez-le. Cet enfant ne sait ce qu'il dit. N'oublions pas ce que nous avonsà faire ici. — Pouvons-nous voir Cœcilius, dites ?

LÉPIDUS.

On m'a prévenu qu'il allait revenir de suite. — Félix, souviens-toi que les verges te feront marcher droit ; tu en auras la preuve dès que nous serons rentrés.— Que je ne te retrouve jamais ici ! — Tu me comprends ? Et maintenant, va-t-en !

FÉLIX (à part).

Voilà ce que je craignais le plus !

LÉPIDUS.

Au fait, non. Tu te sauverais encore chez ton Sébastien. — Reste là, dans ce coin. — Je veux que tout à l'heure Arbacès soit témoin du châtiment que je réserve à l'ennemi de nos divinités Impériales.

FÉLIX (à part).

Je le disais bien !

LÉPIDUS (se montant).

Pour un crime pareil ! il n'est pas de supplice assez grand ! — Cette fois-ci la flagellation sera terrible ! ton sang coulera comme le vin nouveau sous le pressoir, misérable !

ARBACÈS (l'interrompant, impatienté).

Ah ça, êtes-vous fou, Lépidus ? En voilà assez. Vous aurez le temps, quand vous serez rentré, de le gronder et de le fouetter à votre aise ! L'affaire qui nous préoccupe est autrement importante que ces niaiseries-là !

LÉPIDUS.

Tu verras, va ! — Tu en auras ! insolent ! voleur !

ARBACÈS (prenant Lépidus par le bras).

Donnez-vous donc la peine de m'écouter, buveur incorrigible ! Nous n'avons plus un denier, n'est-ce pas ? — Il faut donc tâcher de nous refaire puisque nous sommes associés pour le jeu, ce qui ne nous a pas réussi jusqu'à-présent. — Il nous faut absolument de l'argent. Or, je ne vois que cet emprunt forcé à Cœcilius qui puisse nous en procurer. — Connaissez-vous un autre moyen ?

LÉPIDUS.

Vous savez bien que non !

ARBACÈS.

Comment arriver à notre but ? — Je ne comprends, moi, que l'intimidation. — Nous devons des sommes énormes à l'arcade de Janus.

LÉPIDUS.

Je ne veux pas y penser. — Noyons cela dans le Falerne ou dans certain vin grec. — Voilà qui est bon !

ARBACÈS (avec force).

Ce n'est pas le moment de boire, Lépidus ! — Le délai expire aujourd'hui même ; ne l'oubliez pas !

LÉPIDUS.

C'est vrai ; je n'y pensais plus.

ARBACÈS.

Je vous en prie, reprenez vos esprits; écoutez-moi. — Vous avez le contrat ?

LÉPIDUS (sortant le parchemin).

Le voici.

ARBACÈS.

Hé bien, parlez ? — Qu'allez-vous faire ?

LÉPIDUS.

Hé bien, je présume que Cœcilius, intimidé, comme vous dites, — n'importe comment, — sera forcé d'accepter notre proposition. Pourvu qu'il signe une seule lettre de son nom, je me charge du reste. Au surplus, vous avez raison, il faut se hâter. — Le père et le fils quoique riches à l'excès se ruinent en aumônes, en dons de tout genre, comme jadis les parents de mon très cher pupille. — Ceux-là, c'est bon ; ils ont été arrêtés à temps !

ARBACÈS.

Votre très cher pupille ! — Vous n'avez pas l'air de l'adorer, votre très cher pupille !

LÉPIDUS.

Que voulez-vous ! — Cet enfant me déplait par ses tendances trop évidentes aux sectes chrétiennes. — Et quand je pense qu'un jour viendra où il pourra me réclamer son bien, moi qui en somme aurais dû hériter...

ARBACÈS (interrompant).

Pourtant il n'est bruit que d'un cheval superbe que vous

venez de lui donner. Vous auriez mieux fait de réserver cet argent pour nous !

LÉPIDUS (à part à Arbacès).

Il faut bien garder les apparences et conserver la tutelle de ce vaurien. — Et puis on disait que le cheval était vicieux, dangereux même.

ARBACÈS.

Oui, oui, je comprends ! — Si vous pouviez en être débarrassé, de votre cher pupille, par un accident fortuit; votre affliction ne serait pas longue, et...

LÉPIDUS (interrompant).

Attention, voici Cœcilius !

SCÈNE VIII.

LES MÊMES, CŒCILIUS.

LÉPIDUS (mielleux).

Enfin, cher Cœcilius, vous voilà. — Combien je serais désireux de vous trouver en meilleure santé, moi qui vous porte tant d'intérêt ! — Vos pauvres yeux ! c'est pénible, c'est très pénible !... Vous savez combien je vous suis attaché... dévoué... Vous n'en doutez pas, je pense !

CŒCILIUS.

Encore vous ici, Lépidus ! que venez-vous chercher ?

LÉPIDUS (un peu embarrassé).

Votre accueil n'est pas encourageant, mon cher beau-frère.

— Je vous ai amené Arbacès, l'illustre Pontife d'Isis. Il est là ! Il s'inquiète aussi de savoir comment vous allez.

CŒCILIUS.

Je vous connais tous les deux. Je sais que vos visites sont intéressées, et que ma santé ne vous préoccupe pas au point que vous voulez bien dire !

ARBACÈS (brutalement).

Vous avez raison, Cœcilius; allons droit au fait, et laissez-moi vous parler ouvertement. — Nous venons vous prier de signer ce parchemin que vous connaissez. Nous vous le demandons depuis longtemps, et nous espérons que désormais vous ne nous tiendrez plus rigueur, car la réflexion a dû vous prouver la convenance..., disons mieux, la nécessité de cet acte de complaisance.

CŒCILIUS.

Expliquez-vous. Je ne comprends pas.

ARBACÈS.

Ignorez-vous donc qu'une persécution violente, acharnée, s'élève contre les chrétiens ?

CŒCILIUS.

Eh bien ?

ARBACÈS (se rapprochant).

Prenez garde, Cœcilius, à vous, et à votre fils ! — J'ai bien ouï dire que les chrétiens, — et je suis sûr que vous l'êtes, — donnent leur vie avec indifférence. — Mais les tourments ? — Vital les supportera-t-il ? — Et puis, on peut vous enlever tout le bénéfice de vos souffrances en changeant le motif de l'arrêté qui ne vous condamnera plus comme chrétiens, mais comme ennemis de la patrie !

CŒCILIUS.

Malheureux! comme le démon vous inspire!

LÉPIDUS (insinuant).

Vous voyez, mon cher Cœcilius: c'est l'unique moyen de sauver votre fils et vous-mêmes. Nous pourrons alors, avec ces nouvelles ressources, vous servir de défenseurs, nous empêcherons assurément qu'on vous inquiète. — D'ailleurs, que pouvez-vous désirer de mieux et de plus sûr comme débiteurs? — Arbacès Porphyrogénète est l'égal pour ainsi dire de nos divins Empereurs, c'est le descendant direct des célèbres Pharaons d'Égypte, sa science et sa puissance n'ont pas de limites, — c'est un honneur pour nous et pour notre famille.

CŒCILIUS (indigné).

L'injure que vous me faites est odieuse, Lépidus! Les liens de famille dont vous me parlez et qui nous unissent auraient dû me l'épargner. — Vous me connaissez, moi, et vous pouvez supposer un instant que j'irais prêter... que dis-je, — livrer ma fortune et celle de mon fils à ce mage d'Égypte dont la réputation est faite, à Lépidus, le joueur par excellence, — pour que cette fortune soit dilapidée et jetée aux quatre vents comme celle de Félix que vous avez dévorée malgré toutes mes supplications! — Croyez-vous que le bruit de vos désordres et de votre ruine ne soit pas monté jusqu'à moi!

LÉPIDUS

Cœcilius, vous m'insultez!

ARBACÈS.

Qu'osez-vous dire? — Encore une fois, prenez garde à vous!

SCÈNE IX.

LES MÊMES, VITAL.

CŒCILIUS.

Vos menaces ne me feront pas céder. — Je suis Romain, mieux que cela...

VITAL (se précipitant, à voix contenue).

Mon père ! je vous supplie.

LÉPIDUS (menaçant).

Par Jupiter ! Vous vous repentirez de votre obstination ! (Félix sort.)

SCÈNE X.

LES MÊMES, moins FÉLIX.

ARBACÈS.

Alors il ne reste plus qu'à employer la force, puisque la douceur ne réussit pas et que vous nous y obligez. — Ne perdons pas notre temps en paroles vaines. (Il saisit Vital.) Hâtez-vous, Lépidus, ne craignez rien, je tiens celui-ci.

LÉPIDUS (il étreint avec violence le bras de Cœcilius).

Moi ! — Votre plus proche parent, — je vous ordonne de signer et je vous y forcerai ! (Il l'oblige à signer.)

CŒCILIUS.

Je proteste contre cette violence, mais Dieu me délivrera.

VITAL.

Vous abusez indignement de notre faiblesse... (avec transport). Ah ! voilà Sébastien ! nous sommes sauvés.

ARBACÈS (lâchant Vital).

Malheur ! Voilà l'ennemi !

SCÈNE XI.

LES MÊMES, SÉBASTIEN suivi de FÉLIX.

SÉBASTIEN (accourant).

Vous ne forcerez personne, Lépidus ! je défendrai le noble Cœcilius contre vos fureurs insensées. — Où est ce contrat ? — Donnez-le moi !

LÉPIDUS (avec colère).

Encore cet homme ! — Vous n'aurez pas le contrat. Il m'appartient, ne vous mêlez pas de nos affaires !

SÉBASTIEN.

Il vous déplaît, Lépidus, que je semble destiné par la Providence à protéger ceux que vous opprimez ! — Craignez un vengeur plus puissant que moi.

ARBACÈS (à part).

C'est un chrétien ! — Nous nous retrouverons.

LÉPIDUS (bravant Sébastien).

Avec ce contrat, je suis maître de tout l'or de Cœcilius. — Avec cette arme empoisonnée, je me moque de tes menaces !

(En tirant son poignard, Lépidus a laissé tomber le contrat sur lequel Félix se précipite et se hâte de le donner à Sébastien. Puis il passe de l'autre côté de manière à être masqué par Sébastien.)

FÉLIX (remettant le contrat à Sébastien).

Tenez, Sébastien ! Sauvez Cœcilius !

SÉBASTIEN (déchirant le contrat).

Vous le voyez, Lépidus ? justice est faite !

LÉPIDUS (tremblant de rage).

Tu as osé me braver, Sébastien ! ce ne sera pas impunément ! Je te voue aux Furies ! — Il me faut du sang ! que la triple Hécate conduise mon bras vengeur !

SÉBASTIEN (fait un pas vers Lépidus, en démasquant Félix).

Essayez, Lépidus.

LÉPIDUS (subjugué par le regard de Sébastien et par son attitude imposante, recule, puis s'élance sur Félix).

Par le Styx, celui-ci périra ! (Il le poignarde.)

SÉBASTIEN (saisissant Lépidus).

Malheureux ! (D'une voix forte) A moi, soldats !

FÉLIX (chancelant et appuyant ses mains sur sa poitrine).

Ah ! je meurs !

CŒCILIUS.

Qu'y a-t-il donc ? — Que se passe-t-il ?

VITAL (soutenant Félix).

O père ! Lépidus a tué Félix !

CÆCILIUS (à tâtons, le trouvant).

Où est-il ? O mon pauvre enfant ! (Il le prend dans ses bras.)

SCÈNE XII.

LES MÊMES, SOLDATS ACCOURANT.

UN SOLDAT.

Nous voici, Tribun, nous voici.

SÉBASTIEN.

Emparez-vous du meurtrier. Tenez-le bien. Vous en répondez.

UN SOLDAT (s'emparant de Lépidus).

Ne craignez rien, Tribun, il ne peut s'échapper.

CÆCILIUS.

A quel prix m'as-tu sauvé, tendre martyr de la piété filiale! — Il respire encore, mais je sens que la vie s'éteint.

VITAL (suppliant).

Sébastien, laisserez-vous perdre cette âme qui n'a pas encore reçu le baptême ? La prière est toute-puissante, et la bonté de Dieu est infinie ? (Un silence.)

SÉBASTIEN (il se recueille et prie les bras en croix).
(Harmonies * jusqu'à la fin de la scène.)

O Dieu, Père de notre Seigneur Jésus-Christ, déploie ta puissance, car elle m'est nécessaire! Confie-la un moment au plus faible, au plus pauvre des instruments. — Laisse-moi, tout indigne que j'en suis, — laisse-moi me servir de l'arme de ta croix victorieuse; de sorte que les esprits de ténèbres s'enfuient devant elle, et que ton salut puisse nous environner tous.

Félix! au nom du Christ! lève-toi, et va en paix. (Il prie.)

FÉLIX (il ouvre les yeux et s'écrie).

Ah! Dieu m'a sauvé! (On se précipite vers lui et on l'entoure.)

VITAL (transporté montrant la cicatrice).

Dieu nous a exaucés; il est guéri? voyez?

LES SOLDATS.

Le Dieu de Sébastien est grand! Quelle merveille admirable!

ARBACÈS (à part).

Ce magicien est très fort: comment s'y prend-il?

CÆCILIUS.

Dieu soit remercié et béni à tout jamais!

FÉLIX (les yeux au ciel, avec exaltation).

O Dieu des chrétiens, je suis à vous maintenant!
(Félix joint les mains; le rideau tombe.)

* Le Leitmotiv de cette pièce est la phrase du signe de la croix dans *Faust* de Gounod.

DEUXIÈME PARTIE

Hi pro te furias, atque minas truces
Calcarunt hominum, sævaque verbera;
His cessit lacerans fortiter ungula
Nec carpsit penetralia.

DEUXIÈME PARTIE

Une place publique. — A droite, la maison de Fabiola. — A gauche, le palais de Cœcilius avec péristyle précédé de quelques marches. — Au milieu un obélisque sur un piédestal bas, où l'on pourra appuyer Tarcisius mourant.

SCÈNE PREMIÈRE.

FABIOLA, CŒCILIUS, VITAL.

FABIOLA (présentant une bourse).

Tenez, Cœcilius; acceptez encore ceci pour les malheureux que vous aimez tant ! — Puissent-ils par leurs supplications détourner les calamités qui m'accablent !

CŒCILIUS.

Je ne saurais vous remercier suffisamment, très digne Fabiola, — les pauvres s'en chargeront d'une part, et Dieu surtout, de l'autre. — Votre charité vous portera bonheur ; un rayon de lumière éclairera votre cœur troublé et le purifiera. Rappelez-vous que votre fils chéri, — l'unique objet de vos affections pendant votre veuvage, — votre fils bien-aimé, Dionysius, a demandé le baptême et vous attend au ciel.

FABIOLA.

Cœcilius, — si vous avez éprouvé le grand chagrin de perdre la très parfaite Lucine, vous avez l'extrême bonheur de conserver votre fils Vital du même âge que mon Dionysius, et son meilleur ami. — Mon malheur à moi est complet, et rien ne peut me consoler de ces injustes coups du sort.

VITAL.

O très noble Fabiola ! — Dionysius et moi, nous avons tant prié pour vous !

CŒCILIUS.

Croyez-moi, digne Fabiola, la consolation n'est pas loin. — Un pas encore, l'Église vous ouvrira ses bras, essuiera vos larmes, et vous donnera la paix du cœur.

FABIOLA.

Ah ! si je vous écoutais, — vous et mon frère Sébastien, — il y a longtemps que j'aurais abandonné mes dieux. — Je ne puis encore me décider. — Que je ne vous retienne pas plus longtemps, Cœcilius ; merci de vos bonnes paroles. Elles m'ont fait du bien.

CŒCILIUS.

Nos frères vous rendent encore mille actions de grâce pour votre magnifique offrande. — Nos chers pauvres vous béniront et prieront pour vous. — Adieu, très digne Fabiola, — ne nous oubliez pas, si jamais vous avez besoin d'un dévouement absolu. Adieu.

VITAL.

Rappelez-vous, noble Dame, que l'ami de Dionysius vous appartient, et ne demande qu'à vous servir.

FABIOLA.

Merci, mes chers amis, merci. (*Exeunt.*)

SCÈNE II.

FABIOLA.

Toujours la vue de Vital renouvelle mes souffrances, accroît ma désolation ; et pourtant je voudrais le posséder continuellement près de moi en mémoire de celui qui n'est plus ! — Quant à son père, — on n'est pas meilleur, ni plus généreux que Cœcilius. — Son amitié m'est précieuse. — Sa philosophie m'attire, bien qu'elle soit, assure-t-on, chrétienne ; et ces chrétiens... on en dit tant de mal !

Je ne sais que croire... que penser... (Fabiola se dirige vers sa maison. Elle s'arrête en voyant Tarcisius.)

SCÈNE III.

FABIOLA, TARCISIUS.

TARCISIUS (sortant du palais de Cœcilius sans voir Fabiola).

J'ai supplié notre Père Damasus de me confier le plus grand de tous les trésors pour le porter à nos frères emprisonnés. — Bien que je ne sois qu'un humble acolyte, aurai-je cet immense honneur ? — On m'a parlé de dangers, de ma vie en péril... Ma vie ? — Oh je donnerais cent vies, si je le pouvais, pour un Dieu si bon, si aimable, si digne d'être aimé ! — Je ne suis qu'un pauvre enfant, mais il me semble que mon cœur contient l'amour du ciel tout entier.

FABIOLA (à part).

Quel est cet enfant ? — Sa figure exprime je ne sais quoi de surnaturel. Il ressemble au fils que j'ai perdu et que je crois revoir à chaque instant. — (Haut.) Approchez, mon cher enfant. — Comment vous nommez-vous ?

TARCISIUS.

Tarcisius, noble Dame.

FABIOLA.

Que font vos parents ?

TARCISIUS.

Hélas, je ne les ai plus ! — Un saint vieillard a pris soin de mon enfance ; il a bien voulu m'admettre à le servir, — je tâche de m'en rendre digne.

FABIOLA.

Quel est ce vieillard que vous respectez tant ?

TARCISIUS.

Il se nomme Damasus.

FABIOLA.

Le Grand-Prêtre des chrétiens ?

TARCISIUS.

Lui-même, Madame, — mais ne le connaissez-vous pas ?

FABIOLA.

Moi, pourquoi le connaîtrais-je ?

TARCISIUS.

Il a reçu dernièrement, — de votre part, je crois, — une

riche aumône avec laquelle on a acheté le vêtement que je porte, en me recommandant de prier pour vous, ce que j'ai fait de tout mon cœur.

FABIOLA (à part).

Une telle action généreuse et délicate ne peut venir que de Cæcilius, ou de Sébastien. — Je veux essayer de les imiter. (Haut.) Mon cher enfant, je ne puis dire l'intérêt que vous m'inspirez, — j'ai perdu un fils de votre âge, — vous lui ressemblez, — je désire vous adopter. — Venez chez moi ; je puis vous promettre, — avec la plus grande affection, — tout ce qui pourra vous rendre heureux en ce monde.

TARCISIUS.

Je suis pénétré de vos bontés, Madame, mais je ne puis abandonner un père tel que le mien. — Ce serait un mauvais sentiment ; il me rendrait indigne de ce que vous avez la charité de me proposer.

FABIOLA.

Seriez-vous chrétien ?

TARCISIUS.

Oh ! oui, Madame ; et de toute mon âme ! (Silence.)

FABIOLA.

Enfin Tarcisius, — au moins vous reverrai-je ?

TARCISIUS (inspiré).

Si je vis ; je vous reverrai.

(Voix de Vital au loin.)

Tarcisius ! Tarcisius !

TARCISIUS.

Mais voici qu'on m'appelle. — Que Dieu soit avec vous !

FABIOLA (pensive).

Qu'un Dieu soit avec moi ? — Quel beau souhait, s'il pouvait s'accomplir ?

(Elle rentre dans sa maison.)

SCÈNE IV.

TARCISIUS, VITAL.

VITAL (sortant du palais de Cœcilius).

Viens, Tarcisius, — le Saint-Père t'accorde ta demande. — Tu vas porter aux Confesseurs de la Foi les Divins mystères. — Que j'envie ton bonheur !

TARCISIUS.

Cher Vital ! prie — afin que j'en sois digne (*exit*).

SCÈNE V.

VITAL.

Oh oui, il en est digne, car il est saint et pur comme les anges du ciel ! (Il rentre.)

SCÈNE VI.

ARBACÈS, LÉPIDUS, DONATUS.

ARBACÈS.

Je dis que Sébastien est un adepte des Magies Orientales.

— Il aura reçu des leçons de quelqu'enchanteur d'Égypte célèbre par ses prodiges. — C'est un redoutable adversaire.

DONATUS.

Quelques-uns de mes camarades d'école prétendent que tous les chrétiens sont magiciens.

ARBACÈS.

Cela pourrait bien être (il prend Lépidus à part). En attendant, nous sommes ruinés, et l'horrible pauvreté s'apprête à nous enserrer de toute part.

LÉPIDUS.

Et les poursuites donc ? — Et l'impossibilité de payer ce que nous devons ! — Maudite chance ! toujours contraire ! — Jusqu'à la tutelle de Félix, dont ce scélérat de Sébastien s'est emparé !

ARBACÈS.

Il faut avouer que vous avez été un peu vif, et qu'il a été lui, bien bon,— ou bien bête, — de vous relâcher sitôt.

LÉPIDUS.

C'est possible, mais parlons d'autre chose. Voyons, seigneur Arbacès, puisque nous en sommes réduits là, pourquoi n'exigeriez-vous pas de la grande déesse Isis, l'illustre divinité d'Égypte qui vous doit tout, quelques fonds pour rétablir notre crédit fortement compromis ?

ARBACÈS.

A quoi cela servirait-il ? Nous connaissons le pouvoir de ces dieux de fantaisie qui nous doivent en effet l'existence. — Cependant je possède encore une dernière ressource. — Par exemple, si celle-là nous manque, il ne nous restera plus qu'à nous venger, si c'est possible, et à disparaître ensuite. Mais j'ai bon espoir. — Donatus, écoute-moi bien.

DONATUS.

Quoi ? que voulez-vous ? — Je vous écoute.

ARBACÈS.

Fais attention ; — dès que la Saga des Champs-Brûlés paraîtra, viens aussitôt me prévenir.

DONATUS.

Soyez tranquille, vous pouvez compter sur moi.

ARBACÈS.

Lépidus, allons maintenant à l'arcade de Janus ; tâchons d'obtenir quelque délai, quelque remise de nos créanciers ; et en fin de compte, rappelons-nous que les dénonciateurs des chrétiens seront richement récompensés, et qu'ils se partageront leurs dépouilles.

LÉPIDUS.

En effet ; voilà une bonne idée. — On pourrait toujours dénoncer Sébastien et les autres.

ARBACÈS.

Venez, Lépidus, venez. — Nous causerons là-bas, et des autres et de Sébastien. — Reste-là, Donatus (*exeunt*).

SCÈNE VII.

DONATUS.

Sébastien ! — Je ne puis m'empêcher de l'admirer, c'est un héros, un vrai, malgré ce qu'en dit Arbacès. — Je le hais pourtant, oui, je le hais bien ! — Quant à Vital, Félix, Tarcisius, je les déteste pareillement. — Pourquoi ? — Me seraient-ils supérieurs en courage, en force, en beauté, en intelligence ? — Je ne crains pas cela, et malgré ce que peut alléguer Cassianus, je ne suis ni envieux, ni jaloux. Cassianus ? — un chrétien probablement aussi, ce Cassianus ? Chose singulière, que je ne puis m'expliquer : quand celui-là et nul autre me tient près de lui, sous ses yeux, — assurément je ne suis pas le même ; il y a un changement très évident en moi.

Mais dès que je reviens au temple d'Isis, je me retrouve tel que j'étais auparavant, on m'excite contre les chrétiens...

SCÈNE VIII.

DONATUS, SEPTENTRION.

SEPTENTRION (arrivant derrière Donatus).

C'est moi, Donatus.

DONATUS (se retournant, ironique).

Ah ! c'est toi, illustre Septentrion ! le plus élégant, le plus célèbre des Saltatorès de Rome ; daignant être de temps en temps notre condisciple chez ce bon Cassianus... Ne devais-tu pas partir pour Antipolis ?

SEPTENTRION.

Notre départ est probablement retardé. — Que m'importe, d'ailleurs ! — Un pauvre esclave comme moi sera aussi bien maltraité à Antipolis qu'à Rome. — Tu m'as fait demander par Sévérus ?

DONATUS.

Oui. — Arbacès te prie de rappeler à ton maître Fulvius qu'il compte toujours sur votre concours pour la fête impériale.

SEPTENTRION.

C'est convenu. Nous y serons.

DONATUS.

Dis-moi, Septentrion ? Est-ce vrai ce que j'ai entendu dire que tu serais le fils d'un roi de Cambrie ? — (Un silence.) Réponds donc ? — Voyons, réponds-moi ? — ... Tu pleures ? — Je comprends que tu regrettes ton royaume, mais ne faut-il pas que les ennemis de Rome soient exterminés ! — Nous en savons quelque chose, nous autres, enfants de la vieille Asie.

SEPTENTRION.

Ah ! ce n'est pas la royauté que je regrette.

DONATUS.

Qu'est-ce donc ?

SEPTENTRION.

Ce sont mes bien-aimés parents ; mon père et ma mère que j'ai tant aimés et qui m'aimaient si tendrement aussi ! — Ce sont mes frères, mes sœurs, — tous tués, — massacrés sous mes yeux ! — Moi seul survivant, et réduit au pire des esclavages ! (Un silence.)

DONATUS.

Pauvre garçon, je te plains. — Est-ce vraiment possible ! un fils de roi dans une pareille servitude ! Quel triste destin ! — Quelle implacable fatalité ! — Écoute, Septentrion. Je sais que Sébastien s'occupe beaucoup de toi. — Il veut t'arracher à ton mauvais maître. — Peut-être y réussira-t-il. Fulvius est venu ce matin chez Arbacès pour l'en avertir, et se concerter avec lui, juste au moment où je partais pour l'école, ce qui fait que j'ignore ce qu'ils ont résolu. — Tout ce que je sais, c'est que nous devons être les adversaires déclarés de Sébastien, surtout depuis qu'il a enlevé à Lépidus la tutelle de Félix. — Il paraît que cela nous cause un grave préjudice. — En attendant, tâche de te résigner, puisque le sort l'ordonne ainsi.

SEPTENTRION.

Va ! Donatus ! l'esclavage ne m'a que trop bien enseigné la résignation. — Quant au projet du généreux Sébastien à mon égard, je ne crois pas qu'il réussisse... D'ailleurs, je ne te cacherai pas que mes espérances sont d'une nature plus relevée, mes désirs bien supérieurs, et bien différents de ceux que tu me supposes.

DONATUS (ironique).

Par Isis, la grande déesse ! très noble esclave ! ton ambition me paraît dépasser toutes les limites permises. — Au fait, tu n'as pas l'air trop malheureux; tu danses et tu souris toujours.

SEPTENTRION.

En public, il le faut bien, mais, en particulier, l'orphelin haï, l'esclave méprisé, flagellé, assommé, pleure beaucoup plus souvent qu'il ne rit.

DONATUS.

Enfin, tu es esclave, c'est tout dire. Et quoique ton maître t'envoie parfois à notre école, il passe pour cruel et méchant. — Habitez-vous ce quartier ?

SEPTENTRION.

Non. — Fulvius mon maître me nourrit à peine, afin, dit-il, de me rendre plus leste et plus léger. — Quand j'ai par trop faim, je viens ici et je rencontre après la classe un bon garçon, une véritable Providence pour moi. — Il m'apporte à manger, il m'instruit, et me donne en outre des leçons de courage et de patience. — Sans lui, je ne sais ce que je serais devenu !

DONATUS.

Vital, peut-être ?

SEPTENTRION.

Lui-même.

DONATUS (à part).

J'en étais sûr ! (Haut.) C'est un lâche, tu sais !

SEPTENTRION (indigné).

Vital ! un lâche ! — lui ! mon bienfaiteur, mon sauveur ! — Ah oui ! parce qu'il n'a pas voulu se battre avec toi, hier ! — C'est au contraire un fameux acte de courage et d'obéissance, — un lâche ! lui ! — le modèle des élèves de Cassianus, le maître le plus savant et le plus estimé de Rome ! Allons donc ! — Vital te dépasse au gymnase, à la course, au palet, à tous les exercices, dans toutes les classes ! — Serais-tu jaloux, par hasard ?

DONATUS (menaçant).

Moi jaloux ! — Misérable esclave ! tu oses m'insulter ?

SEPTENTRION (se recule en souriant).

Tu te fâches, donc tu as tort, disent les philosophes !

DONATUS.

Prends garde, philosophe ! je saurai me venger de toi et de ton Vital.

SEPTENTRION (s'éloignant).

Hé bien, non ! calme-toi, Donatus, c'est moi qui ai tort. — Vital n'est pas charitable comme toi, ni bon comme tu l'es. — Mais sois tranquille ! si j'ai faim, si je souffre, ce n'est pas à toi que j'aurai recours, excellent Donatus ! (Il se sauve en riant.)

DONATUS.

Attends, moqueur ! attends ! (Il le poursuit.)

SCÈNE IX.

SÉVÉRUS, EUGÉNIUS, LUCIUS, FABIUS, SCIPION, BÉATUS.

SÉVÉRUS (courant après Fabius).

Tiens, tu es pris !

FABIUS.

Ah ! laisse-moi.

SÉVÉRUS.

Je suis tout essoufflé d'avoir tant couru ! — Où sont les autres ?

FABIUS.

Les voici.

SCIPION.

Hé là-bas ? — Avez-vous vu le fameux Septentrion ?

SÉVÉRUS.

Non. — Où est-il ?

SCIPION.

Il se sauvait tout à l'heure. Donatus courait après lui.

SÉVÉRUS.

Il ne l'attrapera jamais. — Septentrion est le meilleur coureur de Rome, sans comparaison.

SCIPION.

Nous le verrons dans la Pantomime impériale.

BÉATUS.

Ce sera superbe. — Je me réjouis d'y aller.

SCIPION.

Toi, — tu es trop petit. — Tu ne verras rien !

BÉATUS.

Oh mais si ! — Je grimperai sur les épaules de Sébastien, — il est très complaisant.

SÉVÉRUS.

Et tu abuses de sa complaisance ! — Moi, à sa place, je t'enverrais joliment promener !

BÉATUS.

Oh ! il est plus gentil que toi !

SÉVÉRUS.

Pas vrai. — Tiens, voilà Donatus. — Hé bien !

SCÈNE X.

LES MÊMES, DONATUS.

DONATUS.

Hé bien ! c'est bon, va ! — Je le rattraperai lui et son Vital.

FABIUS.

Vital ? — tu n'iras pas bien loin pour ça ! — La voilà, sa maison à Vital. — Le vieux Damasus y loge aussi. — Il y a assez longtemps que je les guette. — Ce sont des chiens de chrétiens.

DONATUS (saisissant Fabius par le bras).

Tu es sûr qu'ils demeurent là ? — Vital, Damasus, et des chrétiens ?

FABIUS (cherchant à se dégager).

Oui, ils demeurent là. —Ne me serre pas si fort, tu me fais mal ! — Seulement, prends garde; — Sébastien habite aussi par là, et tu te rappelles comme il t'a traité, lorsque tu houspillais cette vieille taupe de Diogène, qui passe sa vie dans les arénaria.

DONATUS (sombre).

Oui... je m'en souviens... et si je peux le leur rendre à eux, et aux autres...

SCIPION (interrompant).

Dites donc... venez-vous voir les lions, les tigres, et les ours, qui sont arrivés à l'amphithéâtre ?

TOUS.

Oui ! oui ! allons-y.

EUGÉNIUS (les arrêtant).

Non, non ! — Attendez. — Tout à l'heure ; nous avons bien le temps : — c'est fermé d'ailleurs !

FABIUS.

Mais si, venez. Je sais un endroit...

EUGÉNIUS.

Cassianus nous a défendu expressément d'y aller. — Gare aux verges s'il l'apprend. — Il nous a déjà tant grondé pour cela !

FABIUS.

Il ne le saura pas.

BÉATUS (naïvement).

Pourquoi donc faire tous ces vilains animaux-là ? les tigres, les lions ?

LUCIUS.

Est-il bête ! — C'est pour leur faire dévorer des chrétiens.

EUGÉNIUS.

Ils sont donc bien méchants, ces chrétiens ?

LUCIUS.

Oui, certainement. Ils doivent l'être.

BÉATUS.

Qu'est-ce qu'ils font donc de mal ? — Hein ? — Dis donc ?

SCIPION.

D'abord ils sont chrétiens. Ça suffit.

BÉATUS.

Comment ça suffit ? — Je ne comprends pas.

LUCIUS.

Tu n'as pas besoin de comprendre. — A-t-on jamais vu ? — Ça veut comprendre un petit comme ça ! — Ma parole, il n'y a plus d'enfants !

BÉATUS.

Je ne suis pas si bête que ça, pourtant !

SÉVÉRUS.

Tais-toi, Béatus, tu nous ennuies. Allons, les autres, venez-vous ?

LUCIUS.

Oui, allons à l'amphithéâtre, on verra ce qu'on pourra.

EUGÉNIUS.

Vous savez ? — Nous risquons joliment d'être punis !

DONATUS.

Ah bah ! ça ne fait rien. — C'est le meilleur de nos amusements. Allons-y tout de même. — Quand cela ne serait que pour faire enrager ce Cassianus de malheur ! — Venez.

(Ils s'éloignent, puis reviennent à la voix de Fabius resté le dernier, guettant selon son habitude.)

SCÈNE XI.

LES MÊMES, TARCISIUS.

(Tarcisius sort lentement du palais de Cœcilius, les yeux baissés, les bras croisés, l'air profondément recueilli.)

FABIUS (il a guetté Tarcisius, appelant Donatus).

Hé, Donatus ! — tiens ! — regarde donc ? -- Hé, vous autres, venez donc voir !

DONATUS (apercevant Tarcisius courant vers lui).

(A part). Enfin ! voici ma proie. — Celui-ci paiera pour tous. O Némésis, merci !

(Haut). Je suppose, Tarcisius, que toi, l'ami de Vital, de Sébastien, et de Diogène, tu ne daigneras pas venir jouer avec nous. — Mais que tiens-tu là ? — Pourquoi cet air si grave ?

TARCISIUS (suppliant).

Au nom de tout ce que vous avez de plus cher, Donatus, laissez-moi !

DONATUS.

Oh, mais non ! — Montre ce que tu portes, et nous te laisserons.

TARCISIUS.

Je vous conjure, Donatus ! — Je vous supplie ! ne me retenez pas !

(Les écoliers entourent Tarcisius et Donatus le tient par l'épaule.)

SÉVÉRUS.

Qu'est-ce qu'il a ?

LUCIUS.

Voyons ?

SCIPION.

Montre donc ?

FABIUS.

Qu'est-ce qu'il tient donc ? — Veux-tu bien ne pas le cacher !

SCÈNE XII.

Les Mêmes. ARBACÈS, LÉPIDUS.

ARBACÈS (appelant).

Donatus ! — hé bien ! la Saga ?

DONATUS (sans lâcher Tarcisius).

La Saga n'est pas encore arrivée.

ARBACÈS.

A qui en as-tu, là ?

DONATUS.

C'est, je crois, un chrétien qui emporte quelque chose. — Je veux voir ce que c'est.

LÉPIDUS.

Il ne le montrera jamais. — C'est un âne de Judée qui porte des amulettes.

ARBACÈS (avec emphase).

C'est l'un de ces infâmes sectaires qui se révoltent contre nos divins Empereurs, et qui cherchent à renverser nos dieux. — Isis, la bonne Déesse, les maudit, et les véritables citoyens devraient les exterminer tous (*exeunt*).

SCÈNE XIII.

LES MÊMES, moins ARBACÈS et LÉPIDUS.

(Le jour commence à baisser.)

DONATUS (très exalté).

Vous entendez ! — Ce sont des traîtres ! des ennemis de la patrie ! — Ils sont hors la loi. — Vengeons-nous sur celui-ci !

BÉATUS (tremblant).

Vous n'allez pas lui faire du mal ?

DONATUS (à Béatus).

Toi, va-t-en. — Chasse-le, Lucius ! (Il bouscule Béatus qui s'enfuit, poursuivi par Lucius. — Pendant ce temps-là tous s'efforcent de voir ce que tient l'acolyte, et le maltraitent.)

LUCIUS (chassant Beatus).

Toi ! Essaie de revenir ! et tu verras ! — (Il revient avec les autres.)

SCÈNE XIV.

LES MÊMES, moins BÉATUS.

DONATUS.

Tarcisius, tu auras beau faire, nous verrons, malgré toi, ce que tu caches avec tant de soin !

TARCISIUS (à part).

O Seigneur ! venez à mon aide! Hâtez-vous de me secourir. Ne permettez pas qu'ils profanent vos membres divins !

SÉVÉRUS.

Montre donc ce que tu as ? Ne sois pas si obstiné !

SCIPION.

Voyons-le tout de suite.

FABIUS.

Veux-tu te hâter, insensé ! donne cela !

TARCISIUS.

Jamais ! Jamais ! vous ne l'aurez qu'avec ma vie !

DONATUS (furieux).

Hé bien, s'il le faut, nous la prendrons, ta vie ! Ah ! tu ne veux pas ! — Cherchons des pierres ! — tant pis, tu l'as voulu ! Tenez-le bien !

FABIUS (ramassant des pierres dans la coulisse).

En voilà des pierres !

LUCIUS (ramassant aussi des pierres).

Quel entêtement !

(Ils s'acharnent sur l'acolyte.)

SCIPION.

Ah ! tu ne veux pas ? — tiens !

FABIUS.

Tiens ! encore !

LUCIUS.

Tiens, en voilà !

FABIUS.

Chien de chrétien ! va ! tu y passeras ! tiens !

(Pendant ce temps-là, Sévérus est allé prendre l'éponge qu

simule le sang et fait les taches tout en paraissant le lapider comme les autres.)

TARCISIUS.

O mon Dieu ! (il s'affaisse). Seigneur ! Seigneur ! pardonnez-leur et recevez-moi ! (Il tombe à genoux, puis par terre contre les marches de l'obélisque.)

SCIPION.

Il en tient !

EUGÉNIUS.

Assez; sauvons-nous.

SÉVÉRUS.

Assez ! il est vaincu ! il a son compte. Fuyons.

LUCIUS.

Dépêchons-nous de partir. — C'est fini.

DONATUS (troublé).

Est-ce qu'il serait mort ? — Ce n'est pas possible ?

SÉVÉRUS.

Il ne bouge plus. — Viens, Donatus ; c'est un chrétien de moins. — Voici du monde ! — Fuyons vite. — Hâte-toi donc !

(Il entraine Donatus. La nuit vient.)

SCÈNE XV.

TARCISIUS (gisant sur le sol, évanoui, BÉATUS s'approchant rempli d'inquiétude. — SÉBASTIEN, puis FABIOLA. (Il fait nuit.)

BÉATUS (il aperçoit le corps de Tarcisius. Au désespoir).

Ah ! ils l'ont tué ! ils l'ont tué ! au secours ! au secours ! au secours !

SÉBASTIEN (sortant, suivi de Fabiola).

Pourquoi ces cris de détresse? c'est toi, Béatus ?

FABIOLA (jetant un cri).

Ah! voyez-là! — Le pauvre enfant!

BÉATUS (en pleurs).

O Sébastien, venez ! C'est Tarcisius ! ils l'ont tué ! ils l'ont tué ! les méchants!

SÉBASTIEN (soulevant Tarcisius, et l'appuyant sur les marches de l'obélisque).

Souffrez-vous beaucoup, Tarcisius ?

TARCISIUS (d'une voix lente et distincte).

Ne vous occupez pas de moi, Sébastien. — C'est que je porte sur moi les Divins Mystères. — Prenez en soin, vous!

(Un rayon de lumière illumine l'acolyte. — Harmonies.)

SCÈNE XVI.

LES MÊMES, CŒCILIUS conduit par VITAL.

VITAL.

O mon père! voici Tarcisius, martyr. — Il a mieux aimé périr que de livrer aux payens les membres divins du Christ!

CŒCILIUS.

Préviens le Souverain Pontife :

SCÈNE XVII.

LES MÊMES, moins VITAL, plus FÉLIX.

FÉLIX (se jette à genoux près du mourant).

Mon pauvre ami ! — Cher Tarcisius !

TARCISIUS (il agonise ; soutenu par Sébastien ; tous sont réunis autour de lui).

Félix ? mon sang vous rendra chrétien. — Fabiola ! — que Dieu soit avec vous, maintenant, et toujours. — (Il meurt.)

FABIOLA.

Est-ce là ce Tarcisius que j'ai rencontré il n'y a qu'un moment si jeune et si beau !

SÉBASTIEN.

Sœur bien-aimée, le sang de cette hostie si pure sera fécond. Il crie vers Dieu ; cette voix sainte sera sûrement écoutée (il prie). — Ouvrez-vous, Portes éternelles ! devant celui qui porte le Roi de gloire !

FABIOLA.

Il me semble que j'entrevois l'aurore d'une vie nouvelle.

SCÈNE XVIII.

LES MÊMES. VITAL précède DAMASUS, suivi de prêtres portant des torches, et des vases d'encens fumant.

VITAL.

O très Saint Père ! venez et voyez ! celui-ci est bien mort pour le Christ !

SÉBASTIEN.

Voyez. — Les membres du Christ sont intacts. Ils ont été miraculeusement préservés.

DAMASUS (se prosternant ainsi que les assistants).

O Dieu ! vous êtes admirable dans vos Saints ! — Le sacrifice de cet ange vous est agréable. — Daignez, à cause de lui, abréger le temps de nos épreuves. — O Tarcisius ! Protomartyr de la Divine Eucharistie ! priez pour nous, protégez-nous, secourez la sainte Église de Dieu ! — Gloire à vous, Sauveur du monde, dans tous les siècle des siècles, dans le temps et dans l'éternité.

TOUS.

Amen.

On s'est agenouillé devant ce tabernacle sanglant et radieux. Après avoir encensé pieusement les Divins Mystères, la procession se forme *. — Sur un signe du Pape, Sébastien prend l'acolyte Christophore dans ses bras, avec les marques du plus profond respect, et le porte dans le palais de Cæcilius. L'orgue fait entendre un air religieux, pendant qu'on rentre à la suite, et que le rideau retombe lentement.

* Variante, un prêtre distribue des torches aux chrétiens présents. On se dirige du côté de la catacombe.

TROISIÈME PARTIE

Cæduntur gladiis more bidentium
Non murmur resonat, non querimonia
Sed corde impavido mens bene conscia
Conservat patientiam

TROISIÈME PARTIE

Un rideau de fond représentant un portique à Rome.

SCÈNE PREMIÈRE

ARBACÈS.

J'ai consulté plusieurs fois les astres. — Leurs pronostics sont impénétrables. — J'ai refait les terribles calculs d'Apollonius de Thyane, d'après les psychomanciens de Touthmosis et de Rhampsinit. — Mes combinaisons et mes recherches sont plus profondes, plus savantes que celles d'Apollonius; malgré cela, je ne parviens pas à saisir le sens exact de l'oracle menaçant et mystérieux. — Prends garde ! disent ces prophètes étincelants;

Quand le signe sacré venu par mer
Brillera dans les airs.
On verra la Mort et la Vie
Séparer pour jamais les Enfants de l'Asie.

Jusque-là les Astres me promettent leur protection. — Cependant ma fortune, ma situation, et peut-être même mon existence, sont en jeu, me répètent chaque fois que je les interroge, — les brillantes étoiles...

Il n'y a que la Saga des Champs Brûlés, la sorcière du Vésuve, qui puisse conjurer ces périls. — Elle ne peut me refuser son aide, car elle pratique péniblement, depuis de longues années, tout ce que mes théories sublimes lui ont enseigné. — C'est l'ouvrière. — Moi je reste le Maître des Maîtres. — Qu'elle s'arrange pour nous procurer de l'or par tous les moyens possibles, sinon je lui apprendrai que ce n'est pas en vain qu'on me révère du Nil au Gange parmi les adeptes de la Magie, sous le nom du puissant Hermès, le Seigneur à la ceinture flamboyante ! moi ! le dernier descendant des divins Pharaons d'Égypte !...

Mais le discrédit, la ruine, et de sombres pressentiments, épées de Damoclès suspendues par un fil sur ma tête, — rendent ma vie intolérable. L'anxiété me ronge, l'angoisse m'étouffe... je l'avoue... j'ai peur. Nos mystères eux-mêmes sont troublés par d'étranges apparitions aussi peu compréhensibles que les théopsies prestigieuses rapportées par Mambrès l'Égyptien Noir...

Ainsi, — la nuit dernière, — pendant nos évocations Mithriaques, — tout au fond du temple, — l'ombre du grand Horus nous est apparue. — Elle semblait environnée de flammes et s'approchant de Calénus l'Aruspice et des initiés, elle écrivait en lettre de feu, sur les parois de l'édifice, ces mots, aussitôt effacés, mais gravés dans la mémoire des assistants :

Le signe de la Croix, dans les airs apparaît !
La Croix victorieuse efface l'ancien monde,
Nos oracles, nos voix et nos dieux, tout se tait.
Sur l'idole à jamais s'étend la nuit profonde.

Puis l'ombre du grand Horus s'est enfuie en poussant de lugubres gémissements et à l'instant même, les énormes effigies dorées d'Anubis, d'Osiris, de Thoth et de Pthah, avec leurs piédestaux d'airain et leurs trônes de syénite, se sont effondrées, et pour ainsi dire émiettées en poussière sur le sol, dans le plus profond et le plus terrifiant silence !

C'est un effroyable pronostic, dont l'horreur et les épouvantements ébranlent ma raison... (en sursaut) — qui vient ? qui est là ?

SCÈNE II.

ARBACÈS, SEPTENTRION.

ARBACÈS (se remettant).

Ah! ce n'est qu'un enfant ! -- Est-ce toi, Septentrion ? — Où vas-tu donc ? — Arrête-toi !

SEPTENTRION (passant au fond, s'arrête timidement).

Seigneur ? — (Il paraît embarrassé.)

ARBACÈS.

Arrête-toi. — J'ai pris plaisir à t'entendre chanter chez Fulvius. — Tes chants me distrairont. — Jadis, dans Israël, on raconte que le jeune David dissipait avec sa harpe les soucis de Saül. — Tu n'es point David, et je suis bien au-dessus de Saül. — Essaye de me désennuyer. — Répète-moi ce chant de l'autre jour, dont la musique et les paroles sont de toi. — J'écoute.

SEPTENTRION (hésitant).

Pardon, Seigneur! Fulvius m'attend. Permettez-moi d'aller lui demander la permission de vous obéir.

ARBACÈS.

Qu'est-ce à dire? Chien d'esclave! tu hésites? — Sache que ton maître Fulvius est à mon service, et que ses esclaves sont les miens !

SEPTENTRION (s'approchant).

Alors, je suis à vos ordres, Seigneur.

ARBACÈS.

A la bonne heure. — Mais ne te permets pas de m'approcher d'aussi près, vil esclave ! Mets-toi à la distance convenable, — plus loin encore. — Reste là. — Hâte-toi de chanter. — Commence.

SEPTENTRION. (Dans la coulisse, on peut faire chanter une autre personne.)

Triste exilé sur cette terre *
Près de la forêt solitaire,
Je viens prier
Je viens pleurer !
Je viens y penser à ma mère,
J'entends sa voix, sa voix si chère,
Sa douce voix,
Sa voix m'appelle au fond des bois.

O sur un air plaintif et tendre,
Qu'il est doux au loin de l'entendre,
Sans même avoir
L'heur de la voir !
De la montagne à la vallée,
Sa voix par ma voix appelée,
Semble un soupir
Mêlé de peine et de plaisir.

Ah ! retenez bien votre haleine
Brise étourdie, et dans la plaine,
Parmi les blés,
Courez, volez...
Oh ! la méchante a sur son aile
Emporté la voix douce et frêle
La douce voix,
Qui m'appelait au fond des bois.

* Berlioz et Brizeux.

ARBACÈS (à part).

Oui! c'est bien là ce fils de Roi, doué de qualités merveilleuses; celui auquel notre ennemi Sébastien s'intéresse si fort. — Essayons d'abord de le lui enlever, et de nous l'attacher.

(Haut.) Viens ici. — Approche. — Hé bien, Septentrion, — Perle du Nord, — comme t'appelle le peuple, — ta voix me plaît. — Je veux bien faire quelque chose pour toi. Écoute. — Tu vas aller de suite chez Calénus, le chef des Aruspices, un ami de Fulvius. Dès demain, il t'instruira, et te rendra capable d'exercer les hautes fonctions attribuées aux jeunes et nobles Camilli, servant aux sacrifices de la très grande Déesse Isis. — Quand tes cheveux seront de la longueur exigée par les rites Égyptiens, tu te joindras à eux, et il n'est pas impossible que tu sois un jour admis à l'honneur de me servir. — N'est-ce pas, — dans ta position si infime, si basse, — une chance inespérée ?

SEPTENTRION.

Seigneur, souffrez que je vous remercie de votre bonté, que je vous en témoigne humblement toute ma reconnaissance. Mais... je ne pourrais accepter...

ARBACÈS (furieux).

Par les feux de l'Orcus vengeur ! je crois vraiment que ce ridicule avorton ose me refuser ! — Es-tu si las de vivre ?

SEPTENTRION (doucement).

Seigneur, je ne crains pas la mort. — Mais ne me permettrez-vous pas de vous représenter, avec toute l'humilité possible, qu'un enfant esclave, étranger et pauvre comme moi, n'est guère fait pour remplir ces fonctions destinées aux riches héritiers des plus grands noms romains ?

ARBACÈS.

Impertinent esclave ! — qui es-tu ? pour oser contrôler les ordres du tout puissant Arbacès, le maître de ton maître ?

SEPTENTRION.

Seigneur ! — je suis bien peu quand je me considère, encore moins quand je me compare ; et pourtant, — daignez le remarquer, — toute la science du très puissant Arbacès n'a pu découvrir le sens des paroles enflammées du démon Horus pendant la nuit dernière.

ARBACÈS (troublé).

Quoi ? qui t'a dit ? — Continue, hâte-toi ! — (A part.) Comment sait-il ?

SEPTENTRION.

Calénus l'avouait ce matin même à mon maître Fulvius. — Et moi, — chétif, — je puis vous en découvrir le sens caché.

ARBACÈS.

Calénus a osé divulguer !... Et tu prétends le comprendre, toi ! rebut de l'humanité ! être si vil qu'on se salirait à t'écraser ? — Et ce méprisable ver de terre ose élever la voix en présence d'un souverain Hiérophante d'Isis ! — Quelle ineptie va-t-il proférer ? — Parle ! — ou je te réduis en poussière !

SEPTENTRION

Mon heure n'est pas encore venue, seigneur, mais la vôtre s'approche. (Harmonie *) Le soleil ne se couchera point avant que vous n'ayez éprouvé la force et la vertu de ce signe de la croix que vous haïssez. — Vous-même, seigneur, vous êtes, avec Donatus, les enfants de l'Asie désignés par l'oracle infernal. — Ce signe sacré apportera la mort éternelle pour l'un, la vie éternelle pour l'autre.

Quant au démon que vous adorez sous le nom d'Isis, il parlera bientôt, comme Horus lui-même vient de parler.

Puis il disparaîtra pour toujours.

* Leitmotiv.

ARBACÈS (frappé d'abord de stupeur, et se remettant peu à peu).

(A part). Qu'ai-je entendu ? — Il serait possible !... Non, non ! ma science est trop certaine, mon esprit est trop subtil pour admettre d'aussi folles explications ! — C'est le récit d'un insensé ! (Haut.) Fuis ! malheureux blasphémateur ! ôte-toi de devant mes yeux souillés par ta présence ! Fuis ! et que je ne te revoie jamais ! (Sort Septentrion.)

SCÈNE III.

ARBACÈS (avec agitation).

Cet enfant peut me gêner. — Il en sait trop. — Il faut qu'il disparaisse au plus tôt. — Allons trouver Fulvius pour qu'il m'en débarrasse promptement. (Il sort.)

PREMIER TABLEAU

Un carrefour à Rome. — A gauche, un cippe funéraire. — Au fond et à droite, les murs d'un édifice. — Il fait nuit, le croissant de la lune éclaire vaguement l'horizon.

SCÈNE PREMIÈRE.

VITAL, FÉLIX, SEPTENTRION.

SEPTENTRION (portant la main de Vital à ses lèvres).

O noble Vital ! combien je vous remercie d'être venu ! —

Notre départ est si prochain. — Je vous fais mes tristes adieux. Vous avez été si bon pour le pauvre esclave! Vous l'avez instruit avec tant de patience, de dévouement, vous lui avez témoigné tant de bienveillance, d'amitié même!...

VITAL

Je sais qu'au prix des plus cruelles douleurs tu as voulu devenir chrétien. O cher Septentrion, je le sais; on t'a martyrisé en détail! — Je puis te rendre ce témoignage que jamais ta patience, à toi, ta douceur ne se sont démenties. — Heureusement tes grandes épreuves touchent à leur terme. Sébastien s'occupe de toi, et prie beaucoup pour toi. Tu seras enfin baptisé à Antipolis sous le nom de Candidus, que notre père Damasus t'a imposé. Le saint évêque Victor, qui réside à Antipolis en ce moment, t'admettra au nombre des fidèles. Tu voudras bien lui porter ce message, que le Souverain Pontife m'a donné l'ordre de te confier.

SEPTENTRION (prenant le message).

Je le remettrai, au péril même de ma vie. — Mais nous ne serons pas longtemps séparés, bien-aimé Vital. — Les prières de Sébastien seront exaucées, pour la plus grande gloire de Dieu.

J'ai vu cette nuit Tarcisius en songe. — Il m'a prédit qu'arrivé à Antipolis, après avoir paru deux fois encore sur le théâtre, je serais baptisé secrètement. — De suite après le pauvre petit esclave, — ô bonheur infini! — ira rejoindre ses bienfaiteurs au ciel.

VITAL.

Vous êtes déjà notre frère, cher Septentrion, nous vous aimerons là-haut, plus encore qu'ici-bas. — Préparons-nous pour la dernière lutte; tâchons de mériter l'éternité bienheureuse. — Adieu.

FÉLIX.

Ami Septentrion, reçois les adieux de celui qui sera aussi

bientôt ton frère... Qui vient? — Silence! — Voici nos persécuteurs. — Cachons-nous, car je sais qu'ils nous poursuivent, et je ne voudrais pas tomber dans leurs mains, avant d'avoir reçu le baptême. — Dieu des chrétiens, protégez-nous!

(Ils se cachent derrière le cippe funéraire.)

SCÈNE II.

LES MÊMES, DONATUS, LA SORCIÈRE, ARBACÈS, LÉPIDUS.

(Donatus, précédant la sorcière, arrive d'un côté, Lépidus et Arbacès de l'autre.)

DONATUS.

Arbacès. — Voilà celle que vous cherchez.

ARBACÈS.

Servante de la nuit et de l'Érèbe, ton supérieur en ton art te salue.

SORCIÈRE.

Qui es-tu donc?

ARBACÈS.

Regarde. — Je suis le célèbre Hermès à la ceinture flamboyante dont tous ceux qui s'occupent de magie, de divinations et de sciences occultes, redoutent et respectent le savoir.

SORCIÈRE (s'incline).

Commande, illustre seigneur, tu es le maître des maîtres. — Je t'obéirai avec joie.

ARBACÈS.

J'ai la science, mais tu as la pratique, et je ne veux perdre aucun des instants d'une vie si courte pour le dérober au plaisir. — Dis-moi d'abord de quoi tu es capable ?

SORCIÈRE.

Si tu es roi dans la sphère de l'intelligence, la Saga des Champs-Brûlés est reine dans l'usage des prodiges magiques. — Désires-tu que je fasse apparaître à tes yeux l'image de la personne pour laquelle tu m'as fait appeler ?

LÉPIDUS.

Est-ce vraiment possible?

ARBACÈS.

Si tu fais cela, tu prouveras ton habileté dans l'art d'évoquer. Or, mes écrits seuls ont pu te l'enseigner avec fruit. — Fais vite, je te prie.

SORCIÈRE.

Je vais exécuter tes ordres, en m'efforçant de suivre tes savantes leçons. — Tu reconnaîtras facilement, d'ailleurs, que je travaille selon les instructions.

(Au signal de la sorcière, une Ombre noire apporte un trépied magique sur lequel voltige une flamme verdâtre. La Saga ranime le feu, puis commence ses incantations en prononçant des paroles dans une langue inconnue, en faisant avec sa baguette divinatoire des signes fatidiques. Elle tire de son sein un miroir qu'elle passe à plusieurs reprises sur la flamme. On voit la figure de Cœcilius se dessiner sur le métal poli.)

LÉPIDUS.

Que les Parques me viennent en aide! c'est bien Cœcilius!

SORCIÈRE.

Regarde, Arbacès; voilà celui dont tu convoites la fortune, n'est-ce pas? — Par malheur, mes philtres sont sans effets sur ces chrétiens qui sont protégés par une puissance mystérieuse.

ARBACÈS.

Malédiction! — Ce Cœcilius et son fils, que nous haïssons, seraient-ils donc invulnérables ?

SORCIÈRE.

Non, certes ! — Veux-tu qu'ils périssent ?

ARBACÈS.

Je le veux, et de la mort la plus atroce, s'il est possible.

(Bruit.)

— Mais quelle est cette grande clameur qui s'élève ? — Va voir ce qui se passe, Donatus. *(Exit Donatus.)*

SCÈNE III.

SORCIÈRE, ARBACÈS, LÉPIDUS.

LÉPIDUS.

Dites-moi, Saga ? — Votre pouvoir irait-il jusqu'à nous procurer de la chance au jeu ? N'importe par quel moyen ?

SORCIÈRE.

Tu le verras ; mon pouvoir n'a pas de limites. Tout ce que tu désireras, je puis te l'obtenir. — A certaines conditions, pourtant...

SCÈNE IV.

Les Mêmes, DONATUS.

DONATUS (accourant).

Ce sont des rumeurs extraordinaires au sujet de la dernière bataille que vient de livrer Constantin.

ARBACÈS.

Quoi? Constantin, l'ami des chrétiens ?

DONATUS.

Le bruit se répand qu'il est victorieux, et que toute l'armée a vu distinctement le signe de la croix dans les airs !

ARBACÈS (bouleversé).

Constantin victorieux ! — La croix dans les airs aurait déjà paru ?... (s'emportant.) Hors d'ici, corbeau de malheur ! Va-t-en avec tes fatales nouvelles ! tu mens ! — Tu ne sais que mentir. (Il le pousse dehors.) La croix qu'annonçait l'esclave Septentrion! (*Exit Donatus*).

SCÈNE V.

ARBACÈS, LÉPIDUS, SORCIÈRE.

SORCIÈRE (mettant la main sur l'épaule d'Arbacès).

Tranquillise-toi donc, Arbacès! ne fais pas attention à ces vains présages. Nous avons le temps. — Vous voulez tous deux que vos ennemis meurent dans les supplices, vous désirez être heureux au jeu, jouir de la fortune et des biens de ce monde? — Je puis vous obtenir tout ce que vous souhaiterez, mais à une condition.

ARBACÈS.

Que te faut-il pour cela ?

SORCIÈRE.

Très peu de chose, presque rien. — Signez seulement ce parchemin par lequel vous me donnerez vos âmes.

ARBACÈS.

Qu'en veux-tu faire ?

SORCIÈRE.

Je les veux assurer à la Grande Isis. Or il y a des chrétiens puissants, — comme ce Cæcilius et ce Vital par exemple, qui m'empêchent de vous donner ce que vous désirez si ardemment. Mais si je possède vos signatures, tous les obstacles disparaîtront, mon pouvoir ne sera plus limité, et leurs efforts contraires seront vains. — Remarquez bien que moi, seule, je puis vous aider au jeu, à la fortune, et à la vengeance ; le plaisir des Dieux.

ARBACÈS A LÉPIDUS.

Que vous en semble ?

LÉPIDUS.

Signons. — Hâtons-nous. — L'affaire me convient.

ARBACÈS.

C'est entendu. — Nous signons.

SORCIÈRE (présentant parchemin et roseau *).

Signez ici. — Vous, Lépidus. — Bien. — Vous, Arbacès. — C'est cela. — Maintenant, vous êtes à Isis. Et Isis, c'est moi ! (Le manteau qui recouvrait Lucifer tombe. La foudre éclate.)

SATAN.

Hé bien ! Hermès à la ceinture flamboyante, reconnais-tu ton véritable maître ? — Arbacès ! Lépidus ! corps et âme, vous m'appartenez. (Lépidus et Arbacès s'enfuient, saisis de terreur.)

* Calamus.

SCÈNE VI.

Les Enfants cachés, SATAN.

SATAN.

Ha ! ha ! ha ! vous vous sauvez ! — Qu'est-ce que cela fait ? Vous ne pouvez plus m'échapper. — Mais je flaire ici près, de jolies petites âmes, dont il serait amusant de s'emparer.

Écartons les obstacles (*Le cippe se retire et découvre les enfants.*)

O que voici de charmants enfants, la fleur des jeunes Romains ! — Pourquoi vous cacher, vous qui êtes si agréables à voir ? d'une beauté si ravissante, les plus aimables du monde, les plus délicieuses créatures qui existent, et si bons, si gentils, si parfaits ! — Laissez-moi déposer à vos jolis petits pieds tout ce que vous pouvez souhaiter. — Voulez-vous des honneurs, des plaisirs, de l'or ? — Parlez. — Dites un seul mot. — Tout ce que je possède est à vos ordres ; je ne demande qu'à vous servir, qu'à vous plaire, qu'à obtenir vos suffrages, votre amitié. — Hé bien... voulez-vous ?... Vous vous taisez ? — Un geste seulement... (*Vital fait le signe de la croix* *. *— Furieux.*) Hein ! Comment ? — Ils me bravent ! — A moi ! mes noirs esprits ! (*Une troupe de démons sort de terre.*) Emparez-vous d'eux ! — Je les livre à votre rage et à vos fureurs, jusqu'à ce qu'ils cèdent à ma puissance ! — Insensés ! de repousser mes dons, mes avances ! Je vais leur faire connaître le roi formidable des enfers, — ses ressources infinies, — son pouvoir sans borne ! — Je vais leur présenter les fameux ministres qui régissent mon empire, satellites effroyables de l'astre du mal, l'éternel ennemi de Dieu ! — Écoutez et tremblez ! — (*Éclairs et roulement de tonnerre pendant que Satan parle.*)

* Leitmotiv.

* Fénelon, *Télémaque*.

Au pied de mon trône, paraît la Mort pâle et dévorante, avec sa faux tranchante qu'elle aiguise sans cesse. — Autour d'elle volent les noirs Soucis, les cruelles Défiances, les Vengeances toutes dégouttantes de sang et couvertes de plaies; les Haines injustes, l'Avarice qui se ronge elle-même; le Désespoir qui se déchire de ses propres mains; l'Ambition forcenée qui renverse tout; la Trahison qui veut se repaître de sang, et qui ne peut jouir des maux qu'elle a fait; l'Envie qui verse son venin mortel autour d'elle, et qui se tourne en rage dans l'impuissance où elle est de nuire; l'Impiété qui se creuse un abîme sans fond, où elle se précipite sans espérance; les Spectres hideux, les Fantômes qui représentent les morts pour effrayer les vivants; les Songes affreux; les Insomnies aussi cruelles que les tristes Songes, — tous ces êtres funestes m'environnent et peuplent le palais que j'habite, empressés à deviner et à remplir le moindre de mes désirs. — Quoi, démons ? vous ne pouvez approcher d'eux ? — Je vais moi-même leur apprendre à redouter mon pouvoir... à frémir devant moi ! moi ! le maître, le prince de ce monde !

(Pendant ce monologue, les démons, les esprits, les fantômes et les spectres se sont efforcés en vain de saisir ou d'effrayer les trois enfants; les grondements du tonnerre et les éclairs ne cessent qu'à l'apparition de Tarcisius.)

SCÈNE VII.

Les Précédents, Apparition de TARCISIUS.

(Harmonies. Sanctorum meritis. — Aussitôt les démons et spectres s'arrêtent et ne bougent plus.)

TARCISIUS.

Arrête, Satan ! — Ne les touche pas ! — Ceux-là sont à Dieu.

SATAN (geste de colère.)

(A part.) Déjà celui-là ! — (Haut.) Excepté Septentrion au moins.

TARCISIUS.

Tu mens, Esprit du mal !

SATAN.

Je vois dans la suite des siècles sa pierre tumulaire conservée à Antipolis ; elle est consacrée aux Dieux Mânes, à moi, par conséquent.

TARCISIUS.

Esprit trompeur et méchant ! tu cherches à te tromper toi-même ! — Puisque tu pénètres l'avenir, ne vois-tu pas son corps transporté près du mien ; l'accompagnant plus tard dans l'orient des Gaules ? — Prince de ce monde, on te laisse ce qui est du monde. — Dieu le tolère. — Mais l'âme de ces trois enfants est marquée du sang de l'Agneau. — Je les ai reçues comme prix de mon sang. — Prends leur vie mortelle, tu leur ouvriras les cieux. — Je t'ai vaincu, Satan ! ceux-ci, par la grâce de Dieu, combattront, et te vaincront de même.

Et maintenant, disparais, éternel maudit ! — et par l'ordre du Roi du ciel, rentrez tous dans les enfers ! (Tous disparaissent.)

SCÈNE VIII.

TARCISIUS, LES TROIS ENFANTS.

TARCISIUS.

Vital, et vous aussi, Félix et Septentrion, allez en paix, et louez Dieu.

(L'apparition s'efface.)

SCÈNE IX.

VITAL, FÉLIX, SEPTENTRION.

VITAL.

O Tarcisius, priez pour nous. — Chers amis, remercions Dieu qui ne cesse de nous protéger par d'éclatants miracles.

(Le grand rideau baisse, et peu après se relève sur celui du portique.)

Rideau représentant un portique à Rome.

LA PIÉTÉ, LA PÉNITENCE, LA PERSÉVÉRANCE.

LA PIÉTÉ.

Avant de continuer la représentation des grands exemples que nous ont offerts les jeunes martyrs de la primitive Église, laissez la Piété vous signaler les vertus dont l'influence particulière se fera sentir jusqu'à la fin de ce mystère.

La Pénitence, — couronnée d'épines, vêtue par la Pauvreté, enrichie de la très sainte Croix unique espoir des mortels, — la Pénitence marche à côté de l'Innocence.

Aux pieds du Sauveur mourant sur la Croix, lorsque le grand mystère de la Rédemption s'accomplit pour le salut de tous, vous voyez Madeleine la pénitente, honorée par la grâce de la contrition parfaite ; elle est seule dans ce moment suprême auprès du Christ, avec la Reine des Martyrs, et Jean l'ami de Jésus.

Honneur donc à la Pénitence : Fille de la Croix.

Mais parmi les Vertus, voici la plus indispensable ; — c'est la Persévérance. — Elle seule couronne ; elle seule est couronnée. Sans la Persévérance, point de vertu solide, point de victoire, partant, point de récompense, ni de gloire. — Avec elle, on atteint le but, on obtient le prix, on possède par avance le bonheur des cieux.

Il est encore une vertu qui n'a pas besoin d'être personnifiée ici, parce qu'elle existe chez tous ceux qui représentent devant vous les actes des jeunes Martyrs.

C'est la Reconnaissance.

Je viens vous en offrir de leur part la sincère expression. Ils ont eu le dessein de vous intéresser, de vous édifier, d'élever vers Dieu, vos âmes et vos cœurs. — Ils vont continuer leurs efforts en s'appuyant jusqu'au bout sur votre sympathie, remplie, — nous le savons, — d'indulgence. — Et comme, à la fin de ce Mystère, tous nos sentiments de gratitude sont naturellement réservés à Dieu, il convient que dès maintenant vous receviez leurs remerciements les plus respectueux pour l'honneur de votre présence, et pour les encouragements que vous daignez leur accorder avec tant de bonté, de bienveillance et d'affabilité, — autres vertus délicates et généreuses, dont nous trouvons la personnification sous nos yeux.

(Le grand rideau baisse et se relève sur le 2e tableau.)

DEUXIÈME TABLEAU

La Catacombe de Flavia Domitilla. — Un Arcosolium et un loculus préparé.

SCÈNE PREMIÈRE

DIOGÈNE, VITAL, FABIOLA vêtue en cathécumène, FÉLIX en néophyte.

DIOGÈNE.

Enfin Félix, vous voilà baptisé. — Tarcisius l'avait prédit : son dernier regard a rendu aussi Fabiola des nôtres.

Voici que vous êtes reçus parmi les fidèles, au moment où l'on va pieusement déposer le corps du martyr des saints mystères, le bienheureux Tarcisius, dans cette catacombe. — Il y attendra que des temps meilleurs permettent de lui élever une église, où ses reliques reposeront sous l'autel de celui-là même qu'il a si courageusement, si héroïquement défendu.

Le Souverain Pontife n'a voulu céder à personne l'honneur de composer l'inscription dont je vais terminer la gravure sur le marbre funéraire.

FABIOLA.

Diogène, veuillez nous la lire, je vous prie.

DIOGÈNE.

La voici. Écoutez : elle est vraiment belle.

Tarcisium sanctum Christi sacramenta gerentem,
Cum malesana manus peteret vulgare profanis,
Ipse animam potius voluit dimittere cæsus
Prodere, quam canibus rabidis, cœlestia membra.

FABIOLA.

Nous admirons avec vous, Diogène, ce poétique et céleste langage, reproduit probablement sur le marbre avec ces élégants caractères appelés Damasiens, parce que le Souverain Pontife Damasus les préfère, car il joint à sa grande sainteté le goût le plus pur et le plus délicat.

VITAL.

Le bienheureux Tarcisius est digne de tous ces honneurs, c'est à lui que nous devons encore cette heureuse réunion. C'est lui qui t'a rendu tout à fait mon frère, cher Félix. — Grâce à Sébastien, qui t'a délivré de ton odieux tuteur, nous ne nous quitterons plus jamais, je l'espère.

FÉLIX.

C'est entre nous à la vie et à la mort sur la terre, et au ciel pour la bienheureuse éternité. (Ils s'embrassent.)

VITAL.

Nous y arriverons bientôt; Tarcisius et Dionysius nous appellent. — Vous n'en doutez plus maintenant, n'est-ce pas, très digne Fabiola?

FABIOLA.

Oui, je sais maintenant que mon fils m'attend. — Grâce aux prières de Tarcisius et de mon frère Sébastien, j'espère humblement parvenir au même bonheur.

Mais voici le moment de nous joindre aux fidèles pour honorer le glorieux martyr des Saints Mystères.

(Ils vont prendre leur place dans le cortège.)

SCÈNE II.

LA DÉPOSITION DU BIENHEUREUX TARCISIUS.

Deus tuorum militum
Sors et corona præmium,
Laudes canentes martyris
Absolve nexu criminis.

Hic nempe mundi gloria
Et blanda fraudum pabula
Imbuta felle deputans
Pervenit ad cœlestia.

Pœnas cucurrit fortiter
Et sustulit viriliter,
Fundensque pro te sanguinem
Æterna dona possidet.

Ob hoc precatu supplici
Te poscimus piissime
In hoc triumpho martyris
Dimitte noxam servulis.

Laus et perennis gaudia
Patri sit atque Filio
Sancto simul Paraclito
In sempiterna sæcula.

Amen.

En tête du cortège, les Fossores; puis Diogène, Fossor en chef. — Chrétiens avec des torches et des lampes antiques. — Enfants portant des palmes, la fiole de sang, la lampe destinée à se consumer près des reliques : quatre diacres soutiennent le corps du protomartyr de l'Eucharistie. — A la suite marche Damasus avec ses prêtres, puis viennent en dernier lieu quelques pieux fidèles auxquels se joignent Félix, Vital et Fabiola.

Après avoir encensé le saint corps, on le dépose dans le loculus préparé, on allume la lampe, et l'on place dans la sépulture la palme et la fiole de sang, témoignages du martyr.

Puis on se retire. — Vital et Félix restent à genoux, absorbés dans leurs prières. (*Harmonies jusqu'à la fin de cette scène.*)

SCÈNE III.

VITAL, FÉLIX, puis DONATUS.

VITAL (se levant).

J'entends marcher? — Qui vient là?

DONATUS (déguisé, courbé, boitant).

Je suis un mendiant égaré, — je souffre, — je suis blessé, — secourez-moi! mes bons seigneurs!

VITAL.

Il faudrait soigner ce pauvre malheureux.

FÉLIX.

Permets-moi de t'aider, — j'aime tant les pauvres de Dieu, — apprends-moi la charité.

VITAL.

Ton cœur te l'apprendra mieux que moi. — (Au mendiant.) Où souffrez-vous, mon ami?

DONATUS.

J'ai laissé là mon père encore plus affligé que je ne le suis permettez que je vous l'amène[1]; ayez la bonté de m'attendre. (A part.) Cette fois je les tiens! (Il s'éloigne rapidement.)

SCÈNE VII.

FÉLIX, VITAL.

FÉLIX.

Celui-ci paraît bien charitable, puisqu'il oublie ses souffrances pour penser à celles de son père.

VITAL.

Comme tu as raison, cher Félix, de voir le bien partout ! — Dieu bénira la candeur de ton âme. — Il faut que tu sois préservé, à tout prix, des dangers du monde.

SCÈNE V.

LES PRÉCÉDENTS, ARBACÈS, LÉPIDUS, Gardes avec une torche allumée. Donatus au fond.

ARBACÈS (apparaissant brusquement, saisissant Vital et Félix).

Enfin ! vous êtes en ma puissance ! qu'on les charge de fers ! — Constantin n'est pas près d'arriver. — D'ici-là, ma vengeance ne saurait m'échapper. — Emmenez-les au palais de César !

LÉPIDUS.

Ha ! mon charmant pupille, et vous son digne ami ! vous croyiez pouvoir vous moquer impunément de moi ! — C'est à mon tour ! — Nous vous tenons, et nous allons vous conduire tous les deux aux sombres bords.

VITAL.

Nous mettons notre confiance en Dieu, et nous sommes entre ses mains, plus puissantes que les vôtres.

ARBACÈS.

Assez de sottises ! — Partons. (On les entraîne.)

SCÈNE VI.

DONATUS. (Il défait son déguisement et le jette avec colère.)

(La scène n'est presque pas éclairée.)

Je ne voulais pas!... On m'a forcé!... Et d'ailleurs je les déteste! des chrétiens!... (Un silence.) Qu'ai-je fait là? — Tarcisius hier! — Oh ce regard mourant!... il me poursuit!... il me pénètre!... C'est un trait de feu qui me brûle et que je ne puis arracher de mon cœur!... et après, le vieillard Damasus dont j'ai indiqué la demeure à Lépidus!... Et encore Vital et Félix, aujourd'hui!... Suis-je tombé assez bas!...

Ce sont des chrétiens; on m'ordonne de les haïr, de les poursuivre; et pourtant je connais par Cassianus mon maître leur admirable doctrine, leur vie parfaite, leur courage, leur vertu!...

Oh! je souffre réellement! mes remords me tuent! — J'ai beau m'illusionner, m'aveugler,... la vérité éclate... ils étaient bons ceux-là!... et moi? moi! je ne vaux rien!... (Un silence.)

Mais je m'oublie. (Il regarde autour de lui.) — Personne? On est parti, ils m'ont laissé. — Tâchons de retrouver notre chemin, — si nous le pouvons! (Il s'éloigne dans l'obscurité, puis il revient.) — Je suis égaré... on n'y voit pas... comment se reconnaître dans ce noir labyrinthe?... Pas d'issue... on s'y perd... que devenir parmi ces tombes?... vais-je y périr?... Le Dieu des chrétiens se venge. — Oh! j'ai peur! — Les larves froides viennent errer sous ces voûtes sombres! — Les hideux lémures! — Les ombres funèbres! — Des spectres horribles se dressent partout dans ces épouvantables souterrains! — (Il aperçoit la faible lueur du loculus.) Quoi? — Qu'est-ce que cela? — un fantôme? — un mort! (Il s'approche frémissant et jette un grand cri.) Ah! c'est Tarcisius! — Pardon! — ô pardon! (Il tombe à genoux, un rayon céleste vient briller sur lui.)

SCÈNE VII.

LE MÊME, CHŒUR INVISIBLE.

LE CHŒUR.

O Donatus, repens-toi !
Pourquoi poursuis-tu les Élus du seigneur ?
Donatus ! Donatus ! repens-toi ! repens-toi ! repens-toi !

(Pendant le chœur, le rayon qui a brillé sur Donatus s'éteint peu à peu et le loculus de saint Tarcisius s'illumine.)

SCÈNE VIII.

DONATUS prosterné, DIOGÈNE portant le marbre funéraire, SEPTENTRION en cathéchumène.

DIOGÈNE.

O ciel ! — Quelle miraculeuse clarté ! — Bienheureux Tarcisius, protégez-nous ! (Diogène et Septentrion s'agenouillent et prient.)

DONATUS (relevant la tête).

Tarcisius ! — tu m'as vaincu ! — Me pardonneras-tu jamais ?

SEPTENTRION (apercevant Donatus. On se lève).

Donatus ! comment ? — toi ici priant ta victime ? — Voilà le plus grand des prodiges ! — Tu implores ton pardon ?

DONATUS (accablé de remords).

Septentrion ! il n'est pas de pardon pour moi ! — Je suis un traître, un dénonciateur ! — un criminel ! — un infâme !

SEPTENTRION (touché).

Non, non, Donatus ; viens avec moi. — Si tu ne crains pas d'écouter un pauvre esclave, il ramènera la paix dans ton cœur. — Viens.

DONATUS.

Quoi ! — Tu n'as pas honte d'un misérable qui a horreur de lui-même ? — Mais n'est-ce point Diogène que j'ai insulté, — offensé, avec une si grande perfidie ?

DIOGÈNE (a été déposer le marbre près du loculus).

Oui ! c'est moi qui ai tout oublié. — Notre Sauveur n'a-t-il pas dit : — Aimez-vous les uns les autres, et pardonnez à vos frères comme vous voudriez être pardonnés vous-mêmes !

DONATUS.

Ce sont bien les leçons de Cassianus, — ses préceptes, — ses conseils et ses exemples. — Je me rappelle encore celui-ci... (il hésite et plie le genou). Pardon ! Diogène !

DIOGÈNE (le relevant vivement).

Que faites-vous, mon bien cher enfant ? — Je vous ai pardonné, — soyez-en sûr, — du fond de mon cœur.

SEPTENTRION.

C'est bien !... c'est bon ce que tu as fait là, Donatus. — Maintenant vous, Diogène, vous prierez pour nous.

DIOGÈNE.

Je ne vous oublie, ni l'un, ni l'autre, devant Dieu, mes enfants. Il écoute mes prières sur la terre, comme je vois qu'il exauce celles que lui adresse dans le ciel la mère de Donatus, une bien sainte chrétienne !

DONATUS (frappé d'étonnement).

Ma mère ? — Chrétienne ? — Est-ce possible ? — Comment le savez-vous ? Parlez, je vous en conjure.

DIOGÈNE.

En effet. Vous l'avez perdue en naissant. — Ignorez-vous donc qu'elle a été convertie et baptisée par les parents de Vital ?

DONATUS (bouleversé).

De Vital ? ses parents !... et c'est moi qui...

DIOGÈNE (l'interrompant).

Et qu'elle repose ici, près de Tarcisius. — Tenez, là. — Voyez, lisez : — *Bene merenti Theodoræ, quæ vixit annos viginti, menses tres, in pace.* C'est moi-même qui l'y ai déposée dans la paix du Seigneur.

DONATUS (écrasé par cette révélation, s'est jeté à genoux, l'émotion le suffoque).

Diogène !... Tarcisius !... O ma mère ! (Il fond en larmes.)

SEPTENTRION (les bras en croix, les yeux au ciel).

Seigneur Jésus ! — Achevez l'œuvre de votre miséricorde !

(Le rideau tombe.)

QUATRIÈME PARTIE

Quæ vox ; quæ poterit lingua retexere,
Quæ tu martyribus munera præparas,
Rubri nam fluido sanguine, fulgidis
Cingunt tempora laureis.

QUATRIÈME PARTIE

Rideau représentant un portique à Rome.

SCÈNE PREMIÈRE.

ARBACÈS, LÉPIDUS.

LÉPIDUS.

Voilà donc, très excellent Arbacès, la chance qui nous est revenue. Nos créanciers attendront, et nous serons largement dédommagés de nos ennuis, par la fortune de mon pupille, et par celle des autres chrétiens que nous avons dénoncés à la vindicte impériale. — Il faut avouer que cette extraordinaire Saga nous a été d'une incontestable utilité, et d'un fameux secours, bien qu'elle nous ait sottement effrayés à la fin.

ARBACÈS.

Quoique fort puissante, la Saga n'a pu s'empêcher de reconnaître mon pouvoir et mon incomparable génie. Voilà l'unique motif de ce retour de chance. — Je vous engage maintenant, Lépidus, à vous éloigner pendant la séance du Tribunal qui se prépare. Comme proche parent de l'accusé, vous pourriez gêner. — Revenez après l'arrêt du proconsul et comptez sur moi pour obtenir la plus forte condamnation possible.

LÉPIDUS.

Vous parlez d'or, cher ami. Je m'en vais étudier un certain vin de Sicile dont on m'a beaucoup parlé. — Un vin de Syracuse, le connaissez-vous ?

ARBACÈS.

Non.

LÉPIDUS.

Tant pis ; — je vous plains. — On prétend que c'est une ambroisie, un soleil liquide ! — Comme cela doit être gai à boire ! J'en veux faire provision pour nos festins futurs. — La fortune nous sourit ; tout l'annonce. — Aussi quelles belles parties ! — dites donc, Arbacès ? — quel jeu d'enfer !

ARBACÈS (impatienté).

Oui ! oui ! — Auparavant n'assisterez-vous pas au sacrifice que je présiderai moi-même ? — Le jugement n'aura lieu qu'après ?

LÉPIDUS.

Certainement non. — Je préfère sacrifier au gros Silène, et surtout à Bacchus, ma divinité favorite. Cela me plaira davantage ! (*Exit.*)

SCÈNE II.

ARBACÈS.

Quel ivrogne ! — Et dire qu'il va hériter d'une immense fortune, et tout boire ! — Il faudrait empêcher cela. — Nous y pensons depuis longtemps.

Qu'est donc devenu Donatus ! — Je ne le vois plus. — Serait-il retourné à l'école de Cassianus ? — Il faudra que je le substitue à ce Septentrion qui a fait jusqu'ici la vogue et la fortune de son patron. — Rome ! Cité cruelle et frivole ! admire, une dernière fois, cette perle du Nord que je vais écraser dans sa coquille de nacre, car Fulvius l'emporte à Antipolis ce soir même, et là j'en serai débarrassé par cet imbécile qui va tuer sa poule aux œufs d'or, comme dirait le vieil Esope. — Arrangeons-nous ensuite pour que Donatus succède à Septentrion, au moins pour composer les pièces ; il est fort intelligent et très capable de plaire quand il le voudra. — Oui, nous pouvons tirer parti de Donatus maintenant. Il connaît l'harmonie, il sait l'histoire ; il a de l'imagination, du talent, de l'esprit... en flattant son amour-propre, il sera facile de l'y décider. — C'est entendu.

(A la cantonade). Esclaves ! — Commencez la Pantomime d'Orphée ou l'Invention de la musique, et tâchez que tout se passe de manière à contenter parfaitement les spectateurs, autrement vous seriez sévèrement punis. — Vous me connaissez ! — allez ! (Il sort.)

(Le Rideau se lève.)

INTERMÈDE

ORPHÉE OU L'INVENTION DE LA MUSIQUE

Pantomime allégorique avec instruments et chœurs.

Un site de Thessalie.

Beethoven : Symphonie pastorale.

Trois bergers arrivent en se promenant.

L'un d'eux, ayant passé près d'un roseau, l'a cueilli et coupé en plusieurs morceaux.

Il en porte un machinalement à sa bouche, et souffle par l'extrémité.

Le tube résonne, et le sifflet est trouvé.

Ses compagnons l'imitent, puis ils réunissent ces tuyaux d'inégales longueurs, et forment la Flute de Pan. Ne sachant pas s'en servir, ils vont la montrer à un inconnu qui repose sur un tertre de gazon.

O ma tendre musette.

Celui-ci prend la Flûte et charme ses auditeurs.

Beethoven : Symphonie en ut mineur.

Voici deux guerriers animés du feu des combats.

Ils s'approchent, se défient, se menacent...

Ils vont en venir aux coups...

L'inconnu s'interpose, supplie... ses efforts sont vains.

Alors il a recours à sa Flûte, et par ses mélodies ramène le calme et la paix.

F. DAVID : *Herculanum.* Pas des Muses.

Entrée des Muses attirées par la Musique. — Elles montent sur les piédestaux, posent, puis redescendent, entourant l'Inconnu qu'elles complimentent en lui exprimant par gestes que son talent et son mérite leur font envie, que la musique leur plaît infiniment et qu'elles voudraient l'apprendre de lui.

Celui-ci, accédant à ces désirs, leur indique la voix humaine comme le plus beau des instruments.

Les Muses prient l'Inconnu de les instruire.

Accompagnement.

Chant de la gamme simple, puis chromatique.

Préludes.

Frappé de leurs merveilleuses dispositions, le musicien s'empresse d'écrire un morceau qu'il improvise, à l'instant même.

Il le leur distribue; et les Muses le chantent sans autre préparation, à livre ouvert.

F. DAVID : *Herculanum.* Air de l'Extase.

Solis canto piis, procul oh ! procul este profani
Tu Musæe, audi, lunæ salę stirpe silentis
Perniciosa prius, vitæ adversæ futuræ
Ex me cognosti : sed nunc te vera docebo
Inspectans Verbum divinum, huic totus inhære
Pectoris hoc mentem sacri, gressus que guberna
Incedens recta, Regemque hunc orbis adora.
Unicus est, per se existens, qui cuncta creavit.
(*Orphée.*)

Préludes.

Qui êtes-vous ? — demande avec instance l'assemblée. Son manteau tombe et l'Inconnu prend la lyre que lui apporte un génie, monte et s'assoit sur l'éminence préparée au milieu de la scène.

GLUCK. Air d'*Orphée.*

A son nimbe rayonnant, à ses accords divins, on reconnait Orphée, fils du Soleil. — Fascinés, les monstres les plus farouches viennent se coucher à ses pieds.

Les Muses ravies joignent leur voix à ces accents superbes et chantent avec lui :

MEYERBEER. Hymne du *Prophète* et marche.

Roi du Ciel, et des Anges,
Je chanterai tes louanges
Avec Orphée ton Serviteur.

(On répète la strophe en chœur.)

Virgile, le poète musicien, accompagné des Sybilles amies d'Orphée, vient offrir une couronne d'or au Roi des musiciens, à l'ancêtre de la musique.

Il conduit en son honneur un chœur général et final dont les paroles versifiées s'accordent avec les poésies prophétiques d'Orphée, figure du Messie peinte dans les catacombes, sous cette allégorie d'Orphée domptant par son harmonie les bêtes féroces, image du Christ attirant et convertissant les pécheurs.

MARCELLO : Psaume LVII.

Ultima Cumæi venit jam carminis ætas
Magnus ab integro sæculorum nascitur ordo
Jam redit et Virgo, redeunt saturnia regna
Jam nova progenies cælo demittitur alto.

(VIRGILE.)

Pendant ces chants, le soleil, figure du Soleil divin*, se lève. Dès sa naissance, il éblouit. Son éclat augmente jusqu'à ce que le rideau tombant fasse l'office habituel des nuages.

* VARIANTE. — Dans le soleil, image de la Vierge Mère telle qu'elle apparut à Auguste.

(Le rideau représentant un portique à Rome.)

SCÈNE PREMIÈRE.

SÉVÉRUS, EUGÉNIUS, FABIUS, SCIPION, BÉATUS.

(Ils arrivent tout animés.)

SÉVÉRUS.

Qu'est-ce que vous dites de cela, vous autres ? — Septentrion n'a-t-il pas bien joué ?

SCIPION.

Oh oui ! – C'était si beau !

BÉATUS.

J'ai très bien vu. — Le brave Sébastien m'a placé tout à fait devant, il était tout attendri, Sébastien ; il pleurait presque.

FABIUS.

A-t-il de la chance, ce petit-là ! — Pour mon compte j'avais un grand hercule de centurion juste devant ma figure. — Il fallait se donner un torticolis pour apercevoir quelque chose.

EUGÉNIUS.

Tu aurais dû venir avec moi. J'ai pu regarder de près notre fameux camarade Septentrion qu'on a tant applaudi. Il est si gentil dans son rôle, si gracieux dans ses poses !

FABIUS.

On ne parle que de lui dans tout Rome. — Tiens, Lucius ? — Qu'en dis-tu, toi ? — D'où viens-tu ?

SCÈNE II.

LES MÊMES, LUCIUS.

SÉVÉRUS.

Qu'as-tu, Lucius? — Tu parais tout triste?

LUCIUS.

Par Jupiter! il y a de quoi. — Fulvius vient de partir pour Antipolis avec Septentrion.

SÉVÉRUS.

Comment?

SCIPION.

Allons donc?

EUGÉNIUS.

Septentrion serait parti?

LUCIUS.

Il est déjà loin. — Fulvius prétend l'arracher aux chrétiens qui l'ont souvent attiré aux Arénaria. — Vous savez? — Où demeure le vieux Diogène? — Il paraît qu'on a voulu le forcer à prendre part aux Mystères d'Isis et d'Eleusis, mais on a eu beau le battre et le torturer de toutes les manières, impossible de vaincre sa résistance. — Ce Fulvius! quelle bête féroce! — Il n'a pas osé se livrer ici à toute sa colère de peur que le peuple, privé de son acteur favori, ne s'en prenne à lui. — Mais à Antipolis il faudra qu'il cède, ce pauvre Septentrion, ou qu'il meure sous les coups; car il est esclave, et l'orgueilleux Fulvius est exaspéré d'une pareille désobéissance.

On raconte aussi que Sébastien le tribun s'occupe d'obtenir l'affranchissement de Septentrion, comme étant fils d'un des anciens Rois du Nord, tributaires de Rome.

Fulvius l'a appris, je ne sais comment, et jure qu'auparavant il tuera notre infortuné camarade. — Voilà pourquoi il l'emmène. — J'en suis encore tout suffoqué.

SCIPION.

Mais alors, s'il veut être chrétien, Septentrion, comment se fait-il qu'il ait représenté Orphée, l'une de nos divinités?

BÉATUS (à mi-voix.)

Oh! je sais bien pourquoi.

SCIPION.

Tu sais pourquoi? — Hé bien, dis-le.

BÉATUS.

Parce qu'Orphée est une figure chrétienne.

SCIPION.

Mais non.

BÉATUS.

Mais si. — Orphée attire tout à lui comme le Dieu des chrétiens.

SCIPION.

Mais,.. où as-tu vu cela?

BÉATUS (embarrassé).

Je l'ai vu dans... je ne sais plus.

SCIPION.

Ah çà, dis donc, Béatus, fais attention! On pourrait presque croire que tu es chrétien, toi aussi! et dans ce cas-là, tu sais ce qui t'attend?

FABIUS.

Oui! Depuis qu'il a perdu ses parents, il se cache toujours chez Cécilius ou chez Sébastien, ou même dans les Arenaria, chez le vieux Diogène; ce sont des gens joliment suspects, aussi...

SÉVÉRUS (interrompant).

Ah mais! en voilà assez, dis donc? — Tarcisius; Vital, Félix, et auparavant, Callistus, Damianus, Pancratès, Saturus, Æmilius, Andreas, c'est trop! il n'y aurait pas de raison pour que cela finisse! — Tous nos meilleurs camarades disparaîtraient, à ce compte-là? — (Se tournant vers Fabius.) — Écoute, Fabius, — je te connais bien! — Si tu as le malheur de dénoncer Béatus, tu auras affaire à moi! Je me charge de le venger. — Je ne te dis que cela!

FABIUS.

Essaie de me toucher! tu verras si je te crains!

SÉVÉRUS. (Il empoigne Fabius et le jette par terre.)

Qu'est-ce que tu dis! chien qui rapporte! — Essaie de mordre, toi! je vais te clore le museau, vilain renard! — Je t'arracherai tes crochets, petite vipère!

EUGÉNIUS. (Lui et les autres s'interposent.)

Allons! allons! pas de querelle. — cela ne sert à rien. — Et prenez garde à Cassianus. — Vous savez ce qu'il a dit!

SCIPION.

Si on écoutait Cassianus, on ne pourrait plus s'amuser!

SÉVÉRUS.

Qu'il s'avise de dénoncer lui ou Scipion! et nous verrons!

EUGÉNIUS.

Scipion n'est pas un dénonciateur; n'est-ce pas, Scipion?

SCIPION

Qui cela? moi? — Moi, un dénonciateur? — Quel est le fou qui a dit cela?

EUGÉNIUS.

Personne. Voyons, ne nous fâchons pas. Il n'y a pas de dénonciateur parmi nous.

LUCIUS.

Ah! si par exemple ! il y a Donatus !

SCIPION.	SÉVÉRUS.	EUGÉNIUS.
Oh oui !	C'est vrai.	C'est possible.

SÉVÉRUS.

Et puis Fabius ?

EUGÉNIUS

Non, non. Fabius est très curieux, très bavard, mais je ne veux pas croire qu'il ait jamais dénoncé personne.

FABIUS.

Moi! jamais de la vie ! — Qui ai-je dénoncé ? dis-le ? (*Prêt à pleurer.*) Oui, dis-le ! menteur de Sévérus !

SÉVÉRUS.

Voyons, ne va pas te mettre à pleurnicher, mon Fabius. Tu vaux mieux que je ne croyais, puisque tu ne veux pas passer pour un dénonciateur. — C'est très bien cela. — Allons ! — Essuie tes yeux et faisons la paix. Veux-tu ? (*Geste de refus de Fabius.*) — Non ? — Comme tu voudras.

EUGÉNIUS.

Laissons cela. — Parlons d'autre chose. — Ainsi donc Fulvius a emmené Septentrion et va s'en défaire. Comment s'arrangera-t-il désormais, car c'était notre camarade qui composait ses pièces parole et musique, et qui les jouait à merveille par-dessus le marché !

SÉVÉRUS.

Fulvius est aussi ignorant qu'il est lâche et brutal. Il sait à peine lire et écrire ; en revanche, il sait bien taper !

LUCIUS

Pauvre Septentrion ! Moi je l'aimais bien. Il n'était pas fier et orgueilleux comme Donatus. — A propos, où est-il donc

Donatus ? Nous ne l'avons pas vu depuis quelque temps. Tu dois le savoir, Béatus, c'est ton voisin ; parle donc ?

BÉATUS.

Il pleure Tarcisius.

SÉVÉRUS (stupéfait).

Il... comment as-tu dit ?

BÉATUS (ému).

Oui, il pleure Tarcisius que vous avez lapidé, méchants que vous êtes !

SCIPION.

Il ose dire que nous l'avons tué ! C'est faux.

FABIUS.

C'est Donatus.

LUCIUS.

Nous ne l'avons pas tué, nous autres !

SÉVÉRUS.

Voyons ! qui t'a dit cela ? — Réponds, Béatus.

BÉATUS.

Lui-même, Donatus, me l'a dit. — Il est bien changé, allez ! — A peine l'ai-je reconnu lorsqu'il m'a demandé pardon de m'avoir battu, mais là, si gentiment, que je l'aurais embrassé.

SÉVÉRUS (incrédule).

Donatus t'a demandé pardon ? — à toi ? — Lui !

BÉATUS (appuyant sur les mots.)

Oui ! il m'a demandé pardon : A moi, à moi-même — Cela m'a joliment étonné, va ! — Il a même ajouté qu'il allait être chrétien et qu'il voulait qu'on le sache, ainsi !

TOUS.

Donatus, chrétien !

SÉVÉRUS.

C'est lui au contraire qui les dénonçait; ce n'est pas possible !

FABIUS.

Donatus! un orgueilleux pareil ! et si mauvais ! — il deviendrait bon ?

BÉATUS.

Allez le lui demander; vous verrez ce qu'il vous répondra ! — Il ne demeure pas si loin !

SÉVÉRUS.

Hé bien, allons jusque-là. — D'ailleurs les licteurs vont venir, et je ne veux pas voir condamner Vital et Félix, deux braves garçons, après tout.

EUGÉNIUS.

Cela, c'est vrai. Vital et Félix sont nos meilleurs camarades, quoiqu'ils soient chrétiens.

TOUS.

Oui, oui.

SCIPION.

C'est très juste.

LUCIUS.

C'est très vrai.

SÉVÉRUS (*réfléchissant*).

Oh! c'est certain. — Et à ce propos, je vous avouerai que je ne comprends pas ce qui se passe en moi. — Moi, qui jusqu'ici n'ai guère aimé les chrétiens, — vous ne l'ignorez pas, — hé bien ! — je donnerais je ne sais quoi pour que Tarcisius soit encore vivant. — On nous a excités, — vous vous le rappelez ? — et comme des imbéciles, des brutes que nous sommes...

LUCIUS (*interrompant*).

Certainement si Donatus ne nous avait pas entraînés...

SCIPION (interrompant).

Oui, oui, c'est bien la faute de Donatus. C'est lui le plus coupable...

BÉATUS (pleurant).

C'est bien votre faute aussi, et vous ne la pleurez pas comme lui !

LUCIUS (souriant).

Ce n'est pas la peine de la pleurer; tu t'en charges pour nous !

BÉATUS.

Ah ! ce n'est pas pour cela que je pleure !

SÉVÉRUS.

Pourquoi donc, alors ? — (Silence.) — Voyons pourquoi ? — Parle donc ?

BÉATUS.

Parce que je suis désolé d'être aussi mauvais ! — Je n'ai pas osé avouer devant vous que je suis chrétien, moi aussi !

EUGÉNIUS.

Ah ! cela, par exemple ! je m'en doutais.

SCIPION.

Ne le dis pas. — Tais-toi. — Si on le savait !

BÉATUS.

Il vaut mieux qu'on le sache. — Je ne veux plus jamais cacher la vérité. — Dénoncez-moi si vous voulez. Je tâcherai de souffrir comme Vital et Félix.

SÉVÉRUS.

Non, non. C'est assez de victimes. — Nous ne dirons rien.

EUGÉNIUS.	LUCIUS.	SCIPION.
Non, nous nous tairons.	Nous le promettons.	Ça, c'est sûr !

FABIUS.

Moi non plus. Je ne dirai rien. Je te le promets.

SÉVÉRUS.

Les meilleurs d'entre nous sont pourtant chrétiens comme toi. — Je me demande comment cela peut se faire ?

BÉATUS. (Très ému, lentement et distinctement.)

O Sévérus! c'est justement parce qu'ils sont chrétiens qu'ils sont les meilleurs! — Si vous saviez comme c'est beau, comme c'est bon, d'être enfant du Christ! — Combien les chrétiens sont heureux de connaître et d'aimer un Dieu infiniment bon, infiniment parfait, créateur du monde et des hommes, qui, lui aussi, nous a aimés au point de livrer son Fils unique, — Dieu comme lui, — à la mort de la croix; et cela, afin de nous sauver et nous ouvrir le royaume du ciel que nous avions perdu par notre faute. — Quand on le lui demande, à ce Dieu rempli de miséricorde, il pardonne le mal que nous commettons; il nous soutient, il nous conduit, nous éclaire, et nous appelle tous à lui. — Il se sert d'un pauvre enfant comme moi pour tâcher d'émouvoir votre cœur. — O écoutez-le, je vous en conjure; laissez vous toucher! — Que le sang de nos camarades, que vous aimiez tant, ne soit pas répandu en vain!

O mon Dieu! que je périsse, moi aussi, dans les supplices, dans les tortures, mais que votre bonté infinie se manifeste une fois de plus! — Prenez le cœur de ceux-ci, — changez-le, — donnez-leur un cœur nouveau, un cœur plein de force et d'énergie, qui sache vous connaître, vous servir, — et surtout vous aimer!

(Un silence.)

FABIUS (à mi-voix.)

Oh que ce langage est étrange!

SCIPION.

Pour moi, je n'ai jamais rien entendu de semblable.

SÉVÉRUS.

O Béatus! où as-tu appris les choses que tu viens de nous révéler? J'en suis tout stupéfait. Il faut que tu nous expliques cette Religion si haute, ces sentiments si élevés, si rares! — si inconnus parmi nous!

EUGÉNIUS.

Oui, — parle encore; — ce que tu nous fais entrevoir est admirable. Une doctrine pareille me bouleverse. Cela me semble surhumain.

SCIPION.

Ce sont, véritablement, des accents divins!

SÉVÉRUS.

Apprends-nous ce que tu sais, Béatus? —Le veux-tu?

BÉATUS (après un instant d'hésitation).

Hé bien... Venez avec moi, ce que je sais vous le saurez bientôt, et avec le recours de Dieu, vous le comprendrez mieux que moi. — Je ne suis qu'un ignorant, pourtant je tâcherai de vous éclairer. — Venez, — et croyez d'abord que je vous aime comme si j'étais votre frère.

EUGÉNIUS.

Nous t'aimons déjà beaucoup, Béatus...

SÉVÉRUS (interrompant).

Ah! nous aussi. — Voilà le Proconsul. Partons! Partons! — Conduis-nous où tu voudras, Béatus; nous avons confiance en toi.

BÉATUS (prenant Sévérus par la main).

Venez. — Ne craignez rien. — Les chrétiens ne savent qu'aimer.

(*Exeunt.*)

PREMIER TABLEAU

Une partie du Forum

A droite, le tribunal ; à gauche, la statue d'Isis.

SCÈNE PREMIÈRE

LE PROCONSUL TERTULLUS, LICTEURS, GARDES, PEUPLE ; puis VITAL et FÉLIX

TERTULLUS (siégeant).

Amenez les prisonniers. (Vital et Félix enchaînés sont conduits par les gardiens.) — Au nom des divins Empereurs dont j'occupe la place, approchez, Félix et Vital, et répondez :
— Vous d'abord, Félix, êtes-vous chrétien ?

FÉLIX.

Oui, je le suis, par la grâce de Dieu.

TERTULLUS.

Vous ne comprenez probablement pas la gravité de vos paroles. — Réfléchissez avant de répondre. — Vous appartenez à une illustre famille; c'est sûrement cela qui encourage votre imprudence. — Ne comptez pas sur elle pour vous soustraire au sort qui vous attend. — Nous avons pitié de votre jeunesse, et nous vous demanderons fort peu de chose. — Voici la statue de la bonne Déesse Isis. Arbacès, le grand Mage, va venir. — Vous saurez alors ce que nous réclamons de vous.

VITAL (à Félix).

Courage, Félix !

FÉLIX

Prie pour moi, Vital. — Je sens toutefois une force inconnue. — Tarcisius nous a montré le chemin.

SCÈNE II

LES MÊMES. ENTRÉE D'ARBACÈS, DES MAGES ET DES SACRIFICATEURS ÉGYPTIENS.

SACRIFICE PAÏEN.

CHŒUR d'ISIS

(*Hevi VIII.* — ST-SAËNS)

Quæque Aventinum tenet algidumque
Quindecim Osiris preces virorum
Curet, et votis puerorum amicas
Adplicet aures.

Hæc Apim sentire, Deosque cunctos
Spem bonam certamque domum reporto,
Doctus et Hori chorus et Isidis
Dicere laudes.

(HORACE.)

(Arbacès s'avance richement vêtu, précédé des aruspices, suivi des augures et des sacrificateurs.

On place un autel triangulaire devant la statue d'Isis.

Un Hiérophante couronné de lierre et de pampres s'élance avec des gestes bizarres.

Il tourne sur lui-même en accomplissant les rites étrangers que l'influence orientale a fait prévaloir depuis Elogabal, adorateur d'Isis.

Près de l'autel se tiennent deux néocores le front ceint de bandelettes; l'un porte l'amphore et la coupe, l'autre, l'encens d'Arabie sur un plateau d'airain de Corinthe.

Arbacès, prenant la coupe, fait à la déesse les libations accoutumées, après quoi il place sur l'autel le vase en terre d'Etrurie que lui présente l'un des Camilli de service. Puis il projette l'encens sur les charbons ardents contenus dans le vase. La fumée s'élève aussitôt en spirales bleuâtres.

Tertullus et les initiés viennent tour à tour faire acte d'adoration comme le grand Mage. Ensuite le proconsul se rassoit sur sa chaise curule.

La théorie isiaque se range dans le fond, tandis qu'Arbacès vient se placer près du tribunal.)

TERTULLUS

Et maintenant, approche, Félix. Offre quelques grains d'encens à Isis, et nous te laisserons aller.

FÉLIX

Ce serait renier mon Dieu. — Jamais.

TERTULLUS

Qui te parle de renier ton Dieu ? — Isis n'est-elle pas une puissante déesse ?

FÉLIX

Mon Dieu est le vrai Dieu qui a créé le ciel et la terre. Le vôtre n'est qu'une vaine idole.

ARBACÈS (en colère).

Il insulte les Dieux !

FÉLIX

Je ne veux pas adorer vos divinités absurdes. — Mon Dieu est le seul Dieu vivant, et invisible, car il est un pur Esprit, lui !

Mon Dieu tient en ses mains les destinées de l'univers. — A lui seul, honneur et gloire.

TERTULLUS

Mais tu ne sais donc pas, malheureux enfant ! que je puis d'un seul mot t'envoyer, avec Vital, mourir dans d'affreux supplices !

VITAL

Nous sommes chrétiens, Seigneur. Nous accepterons le

trépas avec joie, heureux d'être trouvés dignes de souffrir pour notre divin Sauveur.

TERTULLUS

Insensé! tais-toi. — Encore une fois, Félix, n'écoute pas ce Vital qui veut t'entraîner dans sa perte. — Sacrifie aux dieux. — Depuis longtemps nous les connaissons; le tien est inconnu.

FÉLIX (inspiré).

Vos dieux sont des démons, — d'infâmes simulacres. — Et, bien que je ne sois qu'une vile poussière, mon Dieu peut par ma voix faire éclater sa force et son pouvoir souverain. — Esprit de malice et de ténèbres! rends témoignage au Dieu vivant!

(Tonnerre, obscurité, éclairs. — On entend une voix sortir de la statue environnée d'une lueur rouge feu. — Le Labarum de Constantin se dessine dans les airs.)

LA STATUE D'ISIS.

Le signe de la croix dans le ciel apparaît,
La Croix victorieuse efface l'ancien monde,
Nos oracles, nos voix et nos Dieux, tout se tait;
Sur l'idole, à jamais, s'étend la nuit profonde.

(La statue s'engloutit dans la terre. — Tumulte, tonnerre, éclairs. — Les sacrificateurs s'enfuient, emportant l'autel, — peu à peu le jour renaît.)

ARBACÈS (égaré).

Les dieux sont indignés de ces blasphèmes! — Ils nous quittent! A mort, les chrétiens! A mort! — Apaisez les dieux par le sang des chrétiens!

(Apercevant Cæcilius dans la foule, il se précipite sur lui, et l'entraîne vers le tribunal.)

Voici! voici le père de ce Vital! — C'est lui qui a corrompu l'âme de ces impies! — Je le dénonce devant tout le peuple. — Tertullus! vous en répondrez devant nos divins Empereurs.

SCÈNE III.

LES MÊMES, CŒCILIUS, FABIOLA, BÉATUS.

TERTULLUS (aux gardes).

Saisissez cet homme et enchaînez-le. (Pendant qu'on met les chaînes aux poignets de Cœcilius, Tertullus rédige son arrêt.)

VITAL (se précipitant).

O Père bien-aimé !

CŒCILIUS.

Mon fils ! votre mère nous regarde et nous montre les couronnes qui nous attendent !

FABIOLA.

Noble Cœcilius ! Je voudrais recevoir le baptême de sang, afin de ne point vous quitter.

CŒCILIUS.

Vous nous rejoindrez plus tard, très digne Fabiola. — Auparavant vous avez encore un acte de charité à remplir. — Viens, Béatus. — Prenez soin de cet orphelin chrétien que Dieu me charge de vous confier dans cet instant suprême. — Il remplacera ce fils chéri que vous cherchez en vain sur la terre, et que vous retrouverez là-haut, avec nous (le présentant). — Béatus, voilà désormais ta mère, — voici votre fils, Fabiola.

FABIOLA.

Je le reçois de Dieu et de vous, Confesseur de la Foi. — Hâtez, par vos prières, notre bienheureuse réunion.

BÉATUS (embrassant la main de Fabiola).

Moi ! — j'aurais une mère chrétienne ! — Que Dieu est bon !

FABIOLA.

O mon fils! je vois mon Dionysius en toi.

CŒCILIUS.

Je vous attends avec cet ange bientôt. — Dieu est maintenant avec vous. — Il y sera toujours.

FABIOLA (s'agenouillant avec Béatus).

Très vénérable Cœcilius, martyr! bénissez le fils que vous m'avez donné, et sa mère!

CŒCILIUS (imposant les mains).

Que la grâce du Seigneur se répande sur vous, et qu'elle vous conduise bientôt à l'éternel bonheur.

VITAL et FÉLIX.

Amen.

TERTULLUS (se levant après avoir délibéré).

Nous ne pouvons laisser impuni cet outrage si grave à nos dieux.

En conséquence, j'ordonne que Félix et Vital, après avoir été flagellés, auront la tête tranchée. — J'ordonne de plus que Cœcilius, qui les a poussés à cette horrible révolte, sera jeté dans le Tibre avec une pierre attachée au col. — Que l'arrêt soit exécuté sur-le-champ!

BÉATUS (désolé.)

O Cœcilius! o mon Vital! Vous me laissez? — Vous allez au ciel sans moi? — Je veux être martyr! — Je suis aussi chrétien!

CŒCILIUS.

Tu viendras à ton tour. — Mais reste avec ta mère, et sois un bon fils.

VITAL.

Oui, tu nous rejoindras dans peu de temps. — Comme Tarcisius nous l'a promis, je te le promets. — A Dieu ! (Ils embrassent Béatus.)

BÉATUS (en pleurs s'attachant aux martyrs).

Adieu ! adieu ! adieu !

UN GARDE.

Allons ! allons ! marchez ! — Nous ne pouvons rester là — allons donc ! (Repoussant Béatus.) Enfant ! vas-tu partir !

FABIOLA (l'emmenant).

Dieu les appelle. — Ne les arrêtons pas au moment de la victoire. — Viens, mon cher fils !

TERTULLUS (aux gardes).

Amenez le vieillard Damasus.

ARBACÈS.

Le grand-prêtre des chrétiens, le chef des ennemis d'Isis !

1er LICTEUR (à l'autre, et à part).

Il me semble que j'entends la marche impériale ?

2e LICTEUR (de même).

A quoi penses-tu ? — C'est impossible.

(Cæcilius, Vital et Félix sont emmenés par les gardes, Fabiola et Béatus les suivent.)

SCÈNE IV.

LE TRIBUNAL, ARBACÈS, GARDES, LICTEURS, PEUPLE, LÉPIDUS.

LÉPIDUS.

Hé bien ? et mon pupille ?

ARBACÈS.

Vous pouvez être tranquille. — Votre pupille ne vous gênera plus.

LÉPIDUS.

Alors j'hérite de ce qu'il possède ? — Naturellement ?

TERTULLUS.

Non pas. — Nos divins Empereurs confisquent les biens des condamnés, et les réunissent à ceux de l'État.

ARBACÈS (saisi).

Comment ? — Mais c'est illégal ! Cela ne se peut pas !

LÉPIDUS.

C'est une erreur. — Vous devez vous tromper, Tertullus !

TERTULLUS.

Lisez le dernier décret de Maximin Daïa. — On vient de le publier. — Le voici. — Lisez-le.

LÉPIDUS.

Laissez-moi voir ?

ARBACÈS.

Voyons cela ?

ARBACÈS.

Fatalité ! — C'est un abus criant du pouvoir ! un vol manifeste !

LÉPIDUS.

Hypocrite ! traître ! ce sont vos conseils perfides...

TERTULLUS (interrompant).

Silence, donc ! voici Damasus. — Ne lui donnez pas le spectacle de ces sottes querelles ! Attendez. — On pourra peut-être arranger cette affaire. — Pourvu que j'en aie ma part !

1er LICTEUR (à part, à son camarade).

Positivement, j'entends la marche impériale.

2° LICTEUR.

Cette fois, moi aussi. — Qu'est-ce que cela veut dire?

SCÈNE V.

LES MÊMES, DAMASUS.

TERTULLUS (*à Damasus entre des gardes*).

Approchez.

DAMASUS.

Que voulez-vous ?

TERTULLUS.

Vous êtes chrétien ?

DAMASUS.

Depuis mon enfance je sers le Seigneur, le Christ-Roi.

ARBACÈS.

C'est assez clair ? — Il n'est pas besoin d'autre preuve ! — Il avoue !

TERTULLUS (*se levant*).

Au nom de nos divins empereurs... (*On entend des cris de Vivat imperator, qui se rapprochent.*) — Qu'est-ce donc ? — Ce n'est pas Maximin, nous aurions été prévenus ? (*Des soldats font irruption et entourent le tribunal.*)

SCÈNE VI.

LES MÊMES, SÉBASTIEN, DIOGÈNE, SOLDATS.

SÉBASTIEN.

Maximin n'est plus ! — 'est Constantin qui règne ! — Soldats ! Gardez les issue — Que personne ne sorte !

DIOGÈNE (accourant).

Très Saint Père ! vous êtes sauvé. Voilà Constantin. — Dieu soit béni !

LÉPIDUS.

Nous sommes perdus ! Constantin, c'est l'ami des chrétiens !

ARBACÈS.

Il est trop tard pour fuir ! — *Væ Victis.*

(Cris de *Vivat Imperator !*)

SCÈNE VII.

LES PRÉCÉDENTS. — LA FOULE SE PRÉCIPITE. — ENTRÉE DU CORTÈGE IMPÉRIAL. — CONSTANTIN. — MARCHE IMPÉRIALE ROMAINE, sur l'air de laquelle a été composée la prose *Lauda Sion*, d'après d'anciens auteurs. (*Vivat Imperator.*)

Vivat, vivat, Imperator;
Vivat, vivat, Imperator;
Vivat, vivat, vivat.

CONSTANTIN. (Il s'avance vers Damasus et s'incline profondément.)

J'arrive à temps pour empêcher ce nouveau crime ! — Très Saint Père, daignez me bénir, et venez reprendre la place qui vous appartient près de l'empereur.

DAMASUS.

Mon fils ! vous m'enlevez la palme de martyre; mais le triomphe de l'Eglise remplit mon cœur d'une joie infinie. Soyez béni, vous et tous ceux qui ont amené cette glorieuse journée, célèbre désormais parmi les fastes du christianisme, et dont la mémoire ne s'effacera jamais, dans les siècles futurs.

CONSTANTIN.

Je vous rends grâce, ô mon Père. — Je le jure encore, vous n'aurez pas de fils plus dévoué que Constantin. — (Se tournant du côté du tribunal.) — J'ai appris que, malgré mes ordres, on avait continué les persécutions ! — Qu'on emprisonne sur-le-champ, Tertullus, Arbacès et Lépidus. — Ils auront à répondre de leur conduite infâme, et d'actes niques qu'on m'a fait connaître à l'instant. Allez. (On les enchaîne. — Constantin monte sur l'estrade du tribunal et fait asseoir Damasus près de lui.)

TOUS.

Vivat Imperator ! Vivat in æternum !

ARBACÈS (brisant ses chaînes).

Tyran ! vois avec quelle facilité le grand Hermès à la ceinture flamboyante échappe à ton pouvoir ! — Je t'évoque ! Osiris. — Horus. — Phtah ! par les mânes de Mambrès l'Égyptien noir !

SCÈNE VIII.

LES MÊMES. — SATAN SURGIT.

SATAN (lumière rouge).

Tu m'appelles ? — Je suis Osiris, Horus, Isis. — Tu m'as bien servi. Viens à la mort éternelle ! (Satan saisit Arbacès et disparait avec lui.)

CONSTANTIN.

Ainsi périssent les ennemis de Dieu. — Emmenez les autres coupables.

(On entraine Tertullus et Lépidus.)

SCÈNE IX.

LES PRÉCÉDENTS, moins les GARDES avec LÉPIDUS et TERTULLUS, plus SÉBASTIEN.

SÉBASTIEN.

Magnanime Empereur ! — nos persécuteurs sont vaincus. — Les confesseurs de la foi sont délivrés, les chrétiens font retentir les airs de leurs chants d'action de grâce. Ils remercient hautement le ciel du héros libérateur qu'il leur a suscité. — Béni soit celui qui vient au nom du Seigneur !

TOUS.

Vivat ! Vivat in æternum ! Benedictus qui venit in nomine Domini.

CONSTANTIN.

Nul mieux que vous, Illustre Sébastien, ne méritait d'annoncer à nos frères les faveurs célestes dont je suis l'heureux dispensateur.

L'Eglise s'asseoira désormais, avec moi, sur le trône de l'empire. Elle m'aidera à récompenser les bons, à punir les coupables, à faire régner en tous lieux la Justice, la Sagesse et la Paix.

Cette grande victoire, qui nous assure la Souveraineté du monde, nous la devons à votre magnifique héroïsme, ô Sébastien !

Votre invincible courage et vos grandes vertus militaires méritent assurément que votre première demande, — d'ailleurs bien désintéressée, — soit exaucée. — En conséquence nous sommes charmés de vous accorder l'affranchissement de ce jeune Septentrion, fils d'un des Rois du Nord tributaires de Rome. — Il vous intéresse à si juste titre que nous voulons qu'il soit élevé dans notre palais, près de nous et avec nos propres enfants. Nous réparerons, autant qu'il sera en notre pouvoir, toutes les injustices dont il a été l'objet.

DAMASUS.

Je crains que les effets de votre bonté, mon fils, ne soient annulés par les décrets divins, — le barbare Fulvius a ravi notre fervent néophyte Septentrion, et l'emporte au loin comme une proie assurée.

CONSTANTIN.

Allez, Sébastien. — Donnez les ordres nécessaires pour l'accomplissement de notre volonté. (Exit Sébastianus.)

SCÈNE X.

LES MÊMES, moins SÉBASTIEN.

DAMASUS.

Dieu permettra-t-il que cet admirable catéchumène reste sur la terre ?

Attendons avec confiance la manifestation de sa très sainte volonté.

Sa miséricorde s'étend toujours sur ceux qui le craignent et qui l'aiment.

CONSTANTIN.

Venez maintenant, Très Saint Père, dans le grand et vaste palais de l'ancien Sénateur Plautius Lateranus, Palais qui sera désormais votre résidence à Rome.

Nous vous en faisons hommage, et nous avons l'intention de construire tout près une basilique avec son baptistère, aussi splendide et aussi grandiose que nous le pourrons. Ce futur édifice deviendra l'Eglise mère et maîtresse de toutes les églises chrétiennes. — Nous mettrons tous nos soins et toutes nos ressources à parfaire cette œuvre que nous considérons comme obligatoire, afin d'attirer la bénédiction de Dieu sur nous, sur notre règne et sur l'empire romain, lequel n'est rien moins que celui du monde.

DAMASUS.

Ce que vous faites pour Dieu, ô mon fils, vous sera rendu au centuple dans la vie éternelle; et même ici-bas, vous serez comblé des grâces les plus précieuses, car Dieu ne se laisse jamais vaincre en générosité.

Te Summa, o Deitas, unaque, poscimus,
Ut culpas abigas, noxia subtrahas,
Da pacem famulis, ut tibi gloriam
Annorum in seriem canant.
Amen.

DEUXIÈME TABLEAU

Salle au palais de Lateranus.
Un trône, à gauche, sur lequel le Pape Damase est assis, environné de sa cour.

SCÈNE PREMIÈRE

Le Pape DAMASUS, sa cour; puis DIOGÈNE et SÉBASTIEN.

DAMASUS (s'adressant à un prêtre).

Faites entrer tous ceux qui voudront nous parler; et n'oubliez pas qu'étant, malgré notre indignité, le Représentant du Christ, nous devons être accessible à tous, comme il l'était lui-même pendant sa vie mortelle. (Le prêtre sort.)

DIOGÈNE (précédant Sébastien).

Voici un message de l'Empereur Constantin, Très Saint Père, c'est l'illustre guerrier Sébastien qui le porte.

SÉBASTIEN (après avoir fléchi les genoux).

L'Empereur m'envoie dire à Votre Béatitude, Très Saint Père, que la Providence n'aura pas voulu priver notre cher Septentrion de la glorieuse couronne du martyré, car il a été impossible de le retrouver jusqu'à présent, malgré les recherches les plus diligentes.

DAMASUS.

Répondez à notre bien-aimé fils, l'Empereur Constantin, qu'au lieu d'une royauté terrestre et éphémère, Dieu donnera le royaume du ciel à cette âme d'élite, et que cette récompense est infiniment préférable à toutes les satisfactions, les grandeurs, et même, à tous les empires de ce monde. — Mais quel est ce bruit? — Attendez encore Sébastien.

SCÈNE II.

LES PRÉCÉDENTS; UN PRÊTRE.

LE PRÊTRE.

Très Saint Père, ce sont quelques écoliers accompagnant un jeune homme qui se dit le meurtrier de Tarcisius, et qui paraît être dans un état de trouble extrême. Il implore, avec les plus vives instances, la grâce d'être admis en votre présence.

DAMASUS.

Hâtez-vous de les introduire tous.

LE PRÊTRE.

Les voici, Très Saint Père. — Approchez, mes enfants.

SCÈNE III.

LES MÊMES. DONATUS SUIVI A DISTANCE PAR LES ÉCOLIERS.

DAMASUS.

Venez, avancez, rapprochez-vous de moi. — Ne craignez point. — Vous n'avez devant vous qu'un vieillard, un père, rempli de tendresse pour ses petits enfants.

DONATUS (se jette aux pieds de Damasus).

O vous qui êtes le meilleur des pères, sachez que je suis le plus coupable de tous! C'est moi qui vous ai dénoncé; c'est moi qui ai tué Tarcisius! qui ai fait condamner Vital et Félix! — C'est ma haine et ma méchanceté qui m'ont poussé à commettre ces abominables crimes! — Je voudrais tout réparer! Je voudrais être chrétien, si c'est encore possible et mourir!

DAMASUS.

Relevez-vous, mon fils. — Calmez-vous, reprenez vos sens. — Notre Dieu ne veut pas la mort du pécheur, mais qu'il se convertisse et qu'il vive. Dites-nous d'abord d'où vient cette conversion si subite. — Parlez, et, encore une fois, ne craignez rien.

DONATUS (se relevant).

C'est en pénétrant dans le fond des catacombes chrétiennes que j'ai vu étinceler, flamboyer, des rayons brillants de gloire, sortant du tombeau de Tarcisius, ces flèches de feu se dirigeant toutes sur moi ; elles me brûlaient et me transformaient, moi, misérable! indigne de toute pitié! — Ma conscience s'est éclairée, et tout d'un coup j'ai compris l'étendue de mes forfaits. — L'horreur de ma vie orgueilleuse et brutale s'est dressée devant moi!... Dieu a réduit en poudre mon cœur de tigre... Poussé par une force invisible et irrésistible, je me suis senti transporté entre Félix et Vital, au moment où leur supplice s'achevait. — Vital! dont la mère a sauvé la mienne et que moi infâme meurtrier j'ai fait périr, animé par la plus exécrable haine, par les plus odieux sentiments!... A ma grande stupeur, les deux martyrs se sont penchés ensemble pour m'embrasser et m'ont couvert de leur sang!... Alors je suis tombé la face contre terre, — comme mort. — Et lorsque, longtemps après, le sentiment de l'existence m'est revenu... je les apercevais, environnés de lumière, resplendissants d'une clarté céleste. — Cette voix ineffable, que j'ai déjà entendue, a retenti de nouveau à mon oreille et dans mon âme. — Lève-toi, m'a-t-elle dit, va trouver Damasus, et repens-toi. — Mon cœur se brise en ce moment de douleur et de remords! — Où sont vos supplices? — Je les attends! — Je les désire! — Que tardez vous? — Jamais je ne souffrirai assez pour expier de pareils crimes!

DAMASUS.

Mon fils! le règne de Dieu commence sur cette terre. — Sachez que les chrétiens sont souvent persécutés, mais qu'ils ne persécutent jamais. Ils ne savent qu'aimer Dieu par-dessus toute chose, et leur prochain comme eux-mêmes. — Votre repentir est grand. — Je suis le vicaire du Christ, — et je vous pardonne en son nom.

DONATUS (suffoqué; il chancelle.)

Moi! — moi! — pardonné! — on pourrait ne pas m'exécrer? moi! — ah! — votre bonté m'achève? — O mon Père! — la peine terrible! — l'immense désolation que j'éprouve d'avoir offensé un Dieu tellement bon, tellement généreux, — sont trop fortes pour que je puisse les supporter! — Je me sens défaillir! (Il s'affaisse. Diogène s'approche pour le soutenir.)

CHŒUR CÉLESTE.

(Dès que l'harmonie angélique se fait entendre, le Pape se lève et prie, tandis que la cour pontificale s'incline ou s'agenouille.)

*O res mirabilis**
Invenit Dominum
Pauper, Servus et humilis.

DONATUS. (Il se lève.)

Mais quel chant des cieux ai-je entendu? — Cette harmonie sacrée me transporte! — Je me sens ravi en esprit..., où vais-je? — où m'emporte le souffle divin? — Dans les

* Motet de Th. Dubois.

airs : — je plane : — je pénètre à travers les nuées : — J'aperçois la mer. — Et voici sur le rivage une grande ville.— C'est Antipolis...

Je descends près d'une tour Romaine, au milieu de l'assemblée des fidèles présidée par le saint évêque Victor...

Quelle piété !... quelle ferveur !— La prière ardente monte, monte vers Dieu, comme la fumée bleue de l'encens le plus pur !...! — Mais pourquoi ces larmes ? ces gémissements ?...

— Ah! quelle affreuse vision! —Dans le caveau de la tour, devant une idole égyptienne que je connais trop bien, hélas ! — l'exécrable Fulvius s'acharne sur le nouveau chrétien Candidus, — autrefois le brillant Septentrion : — Tu adoreras Isis, ou tu périras ! rugit Fulvius.

— Non non, jamais ! — Je n'adore qu'un seul Dieu, mon Créateur, mon Sauveur.

On lui arrache sa robe blanche du baptême. — Les coups furieux pleuvent et déchirent cette tendre hostie : — Arrêtez! — Arrêtez ! — Moi, Donatus, je suis le coupable, le traître ! frappez-moi ! — Arrêtez, monstres ! — Ils se sont mis à trois ! — Trois bourreaux contre un malheureux enfant sans défense, dont les mains sont liées, dont les yeux restent fixés vers le ciel !...

Oh! — le sang jaillit de toute part ! — il ruisselle, il coule à flots ! — tout est rouge !

Je meurs de douleur et d'effroi...

(Harmonie lointaine jusqu'au chœur.)

Mais d'où vient cette lumière céleste qui éblouit, — qui aveugle mes yeux mortels ? — Les bourreaux tombent renversés. — ... C'est l'Ange du Seigneur, — plus étincelant que le soleil, — plus terrible que la foudre !... Il entr'ouvre les Portes d'or du Paradis.

Et je vois l'âme héroïque du bienheureux martyr Candidus, — briser ses liens terrestres, et s'élancer victorieuse, dans la gloire éternelle de Dieu. (Il tombe agenouillé.)

CHŒUR.

Per tuas semitas
Duc nos quo tendimus
Ad lucem quam inhabitas.

DONATUS.

Oh que je souffre ! — Mais ce n'est pas assez, Seigneur Dieu ! je veux souffrir plus cruellement encore, — je veux mourir ! afin de mériter la grâce du pardon, — afin d'être admis au bonheur suprême de vous aimer !

(S'adressant aux écoliers.) Et vous ! jadis mes amis. — Pardon encore de mes mauvais exemples, de mon orgueil, de mes crimes ! — Pardon du mal que je vous ai fait ! — Pardon !... (Le jour commence à baisser.)

SÉVÉRUS.

Oh oui ! nous te pardonnons du fond du cœur ! — Nous sommes aussi coupables que toi, et nous éprouvons le même repentir.

EUGÉNIUS.

Nous voulons tous devenir chrétiens, — quoi qu'il nous en coûte ! — L'exemple des meilleurs d'entre nous nous a touché. Nous ferons tous nos efforts pour leur ressembler un jour.

SÉVÉRUS.

Oh ! voyez comme Donatus est pâle, — il perd connaissance !

LUCIUS.

Il va mourir.

DIOGÈNE.

Il meurt. — Oui, en effet, il meurt du regret d'avoir offensé Dieu !

SÉBASTIEN.

Mort désirable ! — Mort précieuse devant Dieu ! — C'est celle des justes, des saints !

(Harmonies. — Diogène et Sébastien soutiennent Donatus mourant. Damasus descend de son trône accompagné de prêtres avec des torches allumées et de l'encens.)

DAMASUS.

O Donatus ! comblé des faveurs de la miséricorde divine, — fils de la bienheureuse Théodora, Martyre. — En mémoire de ton admirable conversion, — ce don, par excellence, de Dieu, — tu t'appelleras désormais Théodore *. — Je te rends ta première innocence, ô Théodore ; — je te fais enfant de Dieu et de l'Église, en versant sur ton front l'eau sainte du Baptême.

THÉODORE (ouvrant les bras).

Oh Christ ! — Comme vous vous vengez ! — Que vous êtes bon ! et que je vous aime ! Tarcisius, Félix, Vital, — vous m'appelez ? — Me voici. (Il meurt. — Les nuages descendent et couvrent la scène.)

DAMASUS.

O jeunes saints ! — Fleurs des martyrs ! — Emmenez le martyr de la contrition parfaite dans le séjour des élus. — Et vous tous qui êtes présents, reconnaissez et louez éternellement l'infinie miséricorde de Dieu. — Te Deum Laudamus.

CHŒUR.

Te Dominum confitemur.
Te æternum Patrem, omnis terra veneratur.
Te martyrum candidatus laudat exercitus.

(On reprend ensuite le chœur : ultima Camxi, etc. L'orchestre ou l'orgue continue et termine par le Leitmotiv.)

* Θεοῦ δῶρον, Don de Dieu.

VISION FINALE

Les nuées sont descendues de tous les côtés et ont couvert le fond du palais de Lateranus, puis, le devant de la scène et tout le théâtre.

Pendant le chant du *Te Deum*, elles s'écartent, et laissent voir Vital et Félix, portés sur des nuages d'or et d'azur, tenant dans leur main la palme du martyre. Autour de leur tête, brille l'auréole des Saints. Ils introduisent Théodore au séjour des Elus.

La lumière augmente d'intensité; le fond de la gloire s'ouvre devant l'Enfant Jésus, soutenu par la Reine des martyrs. A ses côtés se tiennent St Tarcisius et St Candide.

Le Sauveur bénit Théodore présenté par ses heureuses victimes.

Puis les nuages se rapprochent et se referment, les clartés s'affaiblissent, diminuent et s'éteignent; la vision s'est évanouie; et sur le dernier voile brillent, en lettre de feu, ces paroles formant l'unique objet de cette œuvre fugitive :

LAVS DEO

SOLI DEO HONOR ET GLORIA

AMEN.

RENSEIGNEMENTS. — EXPLICATIONS. — DÉTAILS

La maison d'Education chrétienne, où ce mystère a été représenté pour la première fois, avait eu l'heureuse idée de faire précéder, en guise d'ouverture, chaque lever du rideau, par une strophe du chant célèbre, l'hymne des martyrs : *Sanctorum meritis.*

Entonnée par toute l'assistance, cette hymne complétait fort heureusement la pensée religieuse qui domine toute l'œuvre, l'effet en a paru tout à fait satisfaisant et bien approprié à la circonstance.

La communauté entière chantait le chœur : *Ultima Cumæi* et les trois répons du *Te Deum*. Elle participait en quelque sorte, et s'unissait de voix et de cœur, aux louanges de Dieu que plusieurs de ses membres chantaient sur la scène devenue un lieu de prière et d'édification, comme au moyen-âge.

Elle reprenait aussi. — Roi du ciel et des anges, et l'hymne : — *Deus tuorum militum.*

N. B. — Un orchestre n'est pas absolument nécessaire, un orgue seul suffirait à la rigueur.

Nombre de personnages	Décors	
		PROLOGUE (*Portique. Rideau*)
4	0	La Piété, la Foi, l'Espérance, la Charité.
		PREMIÈRE PARTIE
	1er	**L'Atrium du Palais de Cœcilius.**
16		Cœcilius. — Diogène. — Vital. — Félix. — Tarcisius. — Lépidus. — Arbacès. — Sébastien. — 6 soldats, 2 esclaves.
		DEUXIÈME PARTIE
	2e	**Place Publique.**
21		Cœcilius. — Vital. — Fabiola. — Tarcisius. Lepidus. — Arbacès. — Donatus. — Septentrion. — Sévérus. — Fabius. — Scipion. — Eugénius. — Lucius. — Béatus. — Sébastien. — Félix. — Damasus. — 4 prêtres.
		TROISIÈME PARTIE
		(*Portique*)
2	0	Arbacès. — Septentrion.
	3e	**1er Tableau. — Carrefour la nuit.**
19		Septentrion. — Vital. — Félix. — Donatus. — Lépidus. — Arbacès. — Sorcière, Satan. — 5 démons. — 5 apparitions. — Ombre. — Tarcisius. (*Rumeurs.*)
		(*Portique*)
3	0	La Piété. — La Pénitence. — La Persévérance.
	4e	**2e Tableau. — Les Catacombes.**
4		Diogène. — Félix. — Vital. — Fabiola.
30		La déposition de Tarcisius.
8		Lépidus. — Arbacès. — Donatus. — Diogène. — Septentrion. — 3 soldats. (Chœur invisible.)

QUATRIÈME PARTIE

(Portique)

Nombre de personnages	Décors.	
2	0	Arbacès. — Lépidus.
	5e	**Site de Thessalie.**
23		Orphée (Septentrion). — 3 bergers. — 2 guerriers. — 9 Muses. — Virgile. — 4 Sybilles. — Génie. — 1 dragon. — 1 ours. — 1 tigre. — 1 lion.
		(Portique)
6	0	Sévérus. — Eugénius. — Lucius. — Fabius. — Scipion. — Béatus.
	6e	**1er Tableau. Une partie du forum Romain.**
17		Tertullus. — 2 licteurs. — 2 soldats. — 2 gardes. — 6 curieux. — Vital. — Félix. — 2 gardes.
10		**Sacrifice à Isis.**
14		Arbacès. — Cæcilius. — Lépidus. — Fabiola. — Béatus. — Damasus. — Sébastien. — Diogène. — 6 soldats. Peuple?
23		Constantin et sa suite. (Acclamations. Chœur). Satan Peuple?
	7e	**2e Tableau. Salle du trône au palais de Lateranus** (Rideau).
17		Damasus. — 6 prêtres. — 2 Flabellifères. — Diogène. — Sébastien. — Donatus. — Sévérus. — Lucius. — Scipion. — Fabius. — Eugénius. (Chœur.)
	8e	**Vision Finale.**
7		La Madone et l'Enfant Jésus. — 5 Saints.

DÉCORS

Le grand rideau se lève tout d'abord sur un second rideau en forme de toile de fond, appelé *Portique*, représentant une colonnade au travers de laquelle on aperçoit la campagne Romaine. Il est placé à la distance d'environ deux ou trois mètres du grand rideau, et ne doit gêner en rien la pose du décor qu'il cache et qui ne paraîtra que lorsque celui-ci s'enlèvera.

1er DÉCOR

L'Atrium du Palais de Cœcilius

Intérieur d'une maison romaine comme celle de Pansa, de Diomède, ou de Salluste, à Pompéï.

2e DÉCOR

Une place publique à Rome

Au premier plan, à droite, l'entrée et l'extérieur du Palais de Cœcilius. — (La gens Cœcilia était l'une des plus nobles et des plus riches familles de Rome.) — On monte par trois marches, au portique de ce palais, devant lequel s'élève un obélisque de granit sur un piédestal peu élevé. A gauche, l'entrée, avec une marche, de la maison de Fabiola. — Aux autres plans, perspective de divers édifices, établie de manière à permettre d'arriver par le fond, de deux ou trois côtés, au moins.

3e DÉCOR

Carrefour, la nuit

Ce décor est très faiblement éclairé par le croissant de la lune. — Au fond, un mur assez élevé appartenant à quelque palais. — à droite un cippe funéraire assez grand pour cacher les trois enfants, disposé pour pouvoir s'écarter et les découvrir, à un moment donné. — Dans le mur du fond, pratiquer, dans le bas, une trappe anglaise, ou deux, destinées aux démons, et aux apparitions. — A la hauteur d'environ 1m50, établissez une arcade recouverte de tulle peint comme la muraille. Cette ouverture servira à l'apparition de Tarcisius, lequel sera placé sur une colonne ou un encorbellement, debout, sa robe cachant ses pieds, et tombant à 50 cent. plus bas, en plis droits *, ladite ouverture de 2m50, sur 1m, sera cintrée, et Tarcisius sera posé à 80 cent. au-dessus de la base de l'ouverture, ce qui fera à peu près, à 2m20 du sol. Il faut deux lumières électriques ou de Drummond, ou de magnésium, placées de chaque côté, afin que l'ombre ne paraisse pas sur le fond, ce qui arriverait immanquablement s'il n'y avait qu'une lumière.

4e DÉCOR

Les Catacombes.

Ce décor, brossé d'après les dessins du chevalier de Rossi dans son grand ouvrage sur les catacombes, présentera au fond une ouverture arquée à travers laquelle on verra passer le cortège de la déposition. — A gauche, — de biais, — le loculus où sera étendu le corps de S. Tarcisius, et dans lequel sera ménagée une place suffisante pour la lampe allumée qui veillera près de ses reliques, pour la palme, et la fiole de sang, témoignages du martyre. Préparez l'éclairage électrique de Donatus, et celui qui doit illuminer ensuite l'intérieur du loculus. — A droite un arcosolium. — Près du loculus de Tarcisius, l'inscription funéraire de Théodora.

5e DÉCOR

Un site de Thessalie.

Des montagnes se profilent vaguement dans le fond. — Plus près, quelques arbres. — Sous le plus avancé, un tertre

* Le bas en pointe arrondie.

servant de siège à Orphée. Plus loin, au milieu de la scène, une éminence d'environ 1m de hauteur sur laquelle se placera Orphée jouant de la lyre. S'inspirer ici de la peinture antique d'Orphée dans les catacombes. — Derrière l'éminence, préparer le soleil levant. — On devra prévoir la place des neufs piédestaux des Muses, en plantant le décor.

6e DÉCOR

Une partie du Forum romain.

C'était l'endroit où l'on rendait souvent la justice. — A droite, le tribunal, — au milieu, la statue colossale d'Isis, qui doit disparaître à un moment donné. — Le fond représente une suite d'édifices avec l'architecture de l'époque. — Il faut une trappe pour l'apparition de Satan emportant Arbacès.

7e DÉCOR

Une Salle au Palais de Latran (*rideau*).

Rideau de fond placé un peu plus loin que celui dit : Portique. — Il représente l'intérieur d'une grande salle ornée dans le style romano-byzantin de l'époque du IIIe siècle. — A droite une estrade, avec un trône surmonté d'un dais, le tout doit pouvoir s'enlever rapidement dès que les rideaux de nuages sont descendus.

8e DÉCOR

Vision finale.

Il faut cinq rideaux de nuages. — Le premier, en étoffe légère et transparente, cache le rideau-décor représentant la salle du Latran. Quand il est descendu, un second, plus opaque, descend par devant le premier. Après sa descente, on relève le rideau dit du Latran pendant qu'on baisse un troisième rideau de nuages, opaque tout à fait, en avant. Dès que celui-ci a touché terre en cachant les acteurs, ceux-ci doivent disparaître instantanément, ainsi que l'estrade, le trône et le dais. Aussitôt après, ce dernier rideau se relève; puis le second, le troisième; ensuite un quatrième qui laisse apercevoir Félix, Vital et Théodore, montés sur des nuages d'or et d'azur. Enfin le dernier rideau de nuage, — le cinquième, — se lève sur la vision de la Sainte Vierge avec l'Enfant Jésus, accompagnée de S. Tarcisius, et de S. Candide dans un fond de gloire, entouré de nuées brillantes. Puis les rideaux retombent dans l'ordre inverse; c'est-à-dire, le cinquième, le quatrième, le troisième, le second et le premier. Sur le premier est appliqué tout d'abord une bande, ou demi-rideau, qu'on enlève la dernière fois qu'il se baisse, pour laisser voir ces paroles : — *Laus Deo.*

N. B. — Donatus-Théodore doit se hâter de changer rapidement de costume afin de se placer, à temps, entre Félix et Vital. Préparer ce changement d'avance.

— Pour faciliter la mise en scène, on peut d'avance, discrètement, marquer sur le plancher, avec de la craie de couleur, la place que chaque personnage devra occuper, de manière à lui en laisser voir l'acteur principal, — ainsi au moment ou Tarcisius et Donatus vont mourir, il est important qu'ils ne soient masqués par aucun des assistants.

Prendre cette précaution dans toutes les situations analogues et faire en sorte que le public ne s'en doute pas.

LISTE DES ACCESSOIRES

PROLOGUE

Une petite croix. — Calice. — Ancre. — Cœur.

PREMIÈRE PARTIE

Siège. — Tabouret. — Petite table antique. — Contrat. — Calamus et parchemin. — Poignard.

DEUXIÈME PARTIE

Bourse. — Les pierres (morceaux d'éponges peints couleur de pierre), quelques vraies pierres à laisser tomber dans la coulisse sur de la pierre pour imiter le bruit de la chute des fausses. — Eponge remplie de couleur épaisse d'un rouge foncé pour simuler le sang. — Taches sur la tempe; quelques-unes sur la robe. — Essayer les dites taches pendant les répétitions afin de ne pas défigurer la victime. Pas d'exagération. — Lumière électrique en rayon sur Tarcisius mourant. — Deux torches allumées. — Vase d'encens (encensoir) fumant. — Attention aux torches.

TROISIÈME PARTIE

Le cippe sur la scène. S'assurer qu'il tourne bien. — Message du Pape à l'Evêque d'Antipolis. — Trépied antique apporté par l'ombre recouverte d'étoffes noires. — Allumoir. — Baguette magique. — Miroir, adapter sur le miroir un papier où l'on aura dessiné une tête avec de l'encre sympathique paraissant seulement à la chaleur, du jus de citron par exemple *. — Parchemin et calamus. — Foudre, tonnerre, éclairs, démons, apparitions. — Lumière électrique rouge sur Satan, — blanche sur Tarcisius. S'assurer si les trappes anglaises et

* On peut même essayer sur la glace du miroir.

autres jouent bien. -- Répéter souvent les apparitions afin de ne pas commettre de bévues.

Grande croix pour la Pénitence, couronne d'épines. — Petite croix pour la Piété. — Couronnes pour la Persévérance.

2 pioches. — 6 torches. — 4 lampes allumées. — 5 palmes. — Fiole de sang. — Lampe allumée. — Brancard (s'essayer d'avance à le porter). — Loculus préparé. — 2 torches près du corps. — Encens. — 2 chaînes de fer. — Déguisement de Donatus. — Lumière électrique, rayon sur Donatus. — Illumination du loculus, électrique. — Chœur invisible. — Inscriptions, marbre funéraire.

QUATRIÈME PARTIE

1° Piédestaux. — Roseau. — Flûte de Pan. — Pédum des Bergers. — Flûte. — Rouleau de papyrus. — Tablettes et style. — Lyre. — Tympanon. — Bouquet et guirlande de roses, banderoles de vers. — Poignard. — Masque antique. — Lauriers, couronne. — Sphère. — Livres Sybillins. — Morceaux de musique. — Style pour Orphée. — Lyre et Nimbe rayonnant. — Couronne, Enéïde, bâton de chant. — Soleil.

2° — 5 chaînes de fer. — Statue d'Isis. — Porte-voix. — Foudre, tonnerre, éclairs, lumière rouge. — Encens. — Amphore. — Coupe. — Autel antique. — Vase en terre d'Etrurie (à défaut de vases étrusques, prendre un vase en terre brune non verni d'une forme convenable). — Croix lumineuse. — Chaise curule. — Table. — Parchemin. — Calamus pour Tertullus. — Cachet. — Trompettes. — Faisceaux. — Etendards. — Labarum. — Enseignes. — Trappe pour Satan.

3° — 2 torches. — Trône, estrade, flabelli. — Encens.

4° — Palmes, — auréoles, une plus grande pour N.D. — Une crucifère pour N. S. — Monde surmonté d'une croix. — Fil rouge. — Trône. — Ciboire pour St Tarcisius. — Lumière électrique. — Feux de Bengale. — Rideau lumineux.

CORTÈGES

Martyr de Tarcisius.

1er CORTÈGE.

Deux prêtres avec des torches allumées.
Sébastien portant Tarcisius. — Béatus.
Le Pape offrant l'encens, entre deux prêtres céroféraires.
Deux prêtres, dont l'un tient la boîte d'encens, l'autre l'encensoir fumant.
Cœcilius conduit par Vital et Félix.
Fabiola.

Déposition de St Tarcisius.

2e CORTÈGE.

Deux fossores avec leurs pioches.
Diogène avec une torche allumée.
Un porteur de palme.
Deux prêtres avec torche.
Deux enfants avec lampes allumées.
Deux aides avec palmes.
La fiole de sang.
La lampe allumée.
Félix et les autres baptisés, selon le personnel 2, 3, 5 ou 6.
Le Pape entre deux prêtres.
Le corps de St Tarcisius, porté par quatre diacres, entre deux torches portées par deux prêtres.
Fabiola. — Cœcilius. — Vital. — Sébastien.
Quelques fidèles (selon le personnel, plus ou moins).

Sacrifices à Isis.

3e CORTÈGE.

Deux Néocores.
Arbacès.
Deux Camilli.
Deux prêtres d'Isis.
Calénus.
Hiérophante.
Deux prêtres d'Isis.

Les Muses.

4e CORTEGE

Polymnie. — Clio.
Euterpe. — Erato.
Uranie. — Terpsichore.
Melpomène.
Thalie.
Calliope.

Entrée de Constantin.

5e CORTÈGE.

Deux trompettes.
Quatre licteurs.
Deux soldats.
Deux soldats.
Deux soldats.
Deux soldats.
Deux soldats.
Deux soldats.
Deux gardes.
Deux officiers.
Un porteur du Labarum.
Deux guerriers.

Un prince.
Deux princes.
Deux étendards.
Deux princes.
Un prince, Constantin, un prince.
Deux pages.
Deux gardes.
Sept à huit curieux suivent. (Plus ou moins, selon l'espace.)

VISION FINALE

Représenter la Très Sainte Vierge et le Divin Enfant demande beaucoup de tact, car la moindre distraction, le moindre oubli, la moindre imperfection deviendraient facilement une profanation, et iraient précisément contre le but de ce Mystère qui est de louer et glorifier Dieu.

Il vaut mieux, — quand cela se peut, — choisir des personnes étrangères à la localité, qu'il ne sera pas possible de rencontrer facilement dans le pays.

La Madone, — préférablement revêtue de l'habillement byzantin si religieux, si ample et si hiératique; — est assise sur un trône d'or.

Elle soutient, par-dessous les bras, l'Enfant, debout devant elle, vêtu d'une robe d'or, couronné, orné du nimbe crucifère, pieds nus, posés sur un nuage, portant une boule-monde, cerclée d'or surmontée d'une croix; d'une main, — et bénissant de l'autre, — la Vierge est accompagnée à droite et à gauche, des saints Tarcisius et Candide, avec leurs palmes, le premier tenant un ciboire. (Vital et Félix portant une raie rouge au cou pour rappeler leur supplice.) Tous ces personnages sont disposés sur des plans de nuages bleus et or, différents.

(La vision ne doit pas durer plus de 12 à 15 secondes.)

N. B. — Ces cortèges peuvent être augmentés ou diminués, selon la quantité de personnel disponible. Cela dépend aussi du plus ou moins d'espace que contient la scène, et aussi de la taille des acteurs. Des hommes, en effet, tiennent plus de place que des enfants, et il en faut moins pour arriver au même ensemble.

Assurément il faut, quand la chose est faisable, préférer les hommes pour les rôles d'hommes, tels que Lépidus, Diogène, Cœcilius, etc., mais quand on n'a que des enfants à sa disposition, il faut bien les employer. Toutefois, s'il est possible de remplacer les hommes par des enfants, à la rigueur, ce serait ôter à la pièce tout son charme et son intérêt que de faire jouer les rôles d'enfants par des hommes, ou de trop grands jeunes gens. Voici l'âge qu'ils doivent *paraître* (taille moyenne) :

Vital, 14 ans.
Félix, 13 ans,
Donatus, 14 ans 1/2.
Tarcisius, 12 ans.
Septentrion, de 12 à 13.
Béatus, peut avoir de 8 à 12 et doit être très petit de taille.
Sévérus, 14 ans, et les autres, de 12 à 13.

Il est arrivé plusieurs fois que les rôles de Vital, Donatus, Sévérus, etc., ont été joués par des jeunes gens de 15, 16 et même 17 ans, mais paraissant beaucoup plus jeunes que leur âge réel; la pièce n'en a été que mieux représentée, car les acteurs rendaient plus exactement, et se pénétraient davantage de l'esprit du rôle, possédant en général plus d'intelligence et d'expérience

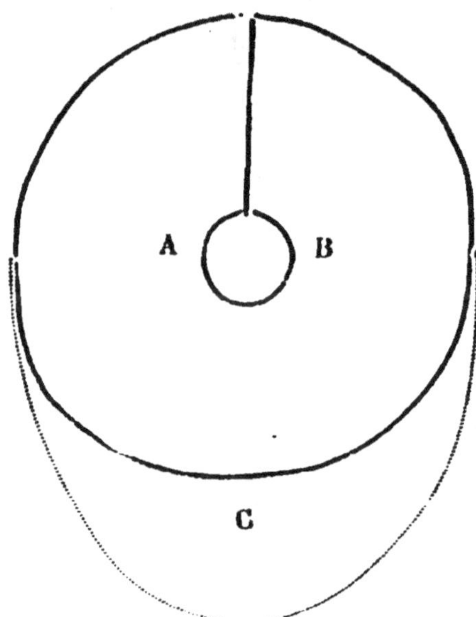

Remarque. — Patron de manteau antique. — Un cercle parfait, fendu par devant, échancré de la grosseur du cou. — On en fait une toge en ajoutant des manches droites aux points A et B. On l'allonge au point C en forme d'ellipse plus ou moins prolongée selon la longueur que l'on désire donner à la traine. — Proportionner à la taille de l'individu.

COSTUMES

Nous donnons ici la description de chaque costume, tel qu'il a été porté, lorsque ce mystère a été représenté pour la première fois.

Il va sans dire que le choix de l'étoffe peut être modifié, mais nous croyons que la forme choisie est celle qui se rapproche le plus de la manière dont on se vêtissait au IIIe siècle de notre ère. On peut consulter d'ailleurs le dictionnaire d'antiquité de Rich, et celui d'antiquités chrétiennes de Martigny, et l'on s'assurera mieux encore de leur exactitude.

Disons tout d'abord que chacun de nos acteurs, — par mesure de convenance et comme précaution nécessaire, surtout quand on doit changer plusieurs fois et très rapidement de costume, — avait mis un léger caleçon de bain en tricot de coton blanc, fin, — les enfants portaient en outre, et uniquement, une chemisette décolletée et sans manche, en percale blanche sans apprêt, dessous leur tunique. Avec des filaments de chanvre on rembourre adroitement, — il ne faut pas qu'on s'en aperçoive, ni même qu'on s'en doute, — les maillots de soie et de coton ainsi que de laine, appartenant à des mollets trop maigres, ou à des bras trop chétifs, à des épaules trop pointues, etc., et cela, *sans exagération*. Quant aux gardes, aux licteurs, aux militaires, les maillots bazanés, les couvraient entièrement, et la chemise devait être supprimée comme au théâtre, et comme dans la réalité, *car l'armure* doit plaquer sur le corps. Pour les barbes, moustaches et perruques, nous ne saurions trop recommander de s'adresser aux premiers artistes capillaires de Paris.

Ce sera beaucoup mieux fait, et cela ne coûtera pas davantage, une longue expérience l'a mainte fois prouvé.

Comme étoffe d'or et d'argent bon marché, je ne saurais assez recommander les gazes d'or et d'argent de Lyon sur dessous de percale jaune et blanche, l'effet est préférable à celui d'étoffes beaucoup plus coûteuses.

Pour noircir la figure des diablotins, ce qu'il y a de mieux, c'est de la couvrir avec du tulle noir, de soie, si l'on préfère, qui donne la plus parfaite illusion à deux pas de distance, et masquer les bords de ce tulle qui prend toute la tête, avec une perruque noire hérissée, ajoutez des gants et un maillot noir complet, à doigts de pieds; vous éviterez ce barbouillage à la suie qui salit tout, et qui, en définitive, fait moins bien.

La meilleure étoffe pour les tuniques, toges, etc., celle qui drape le mieux, et fait les plus beaux plis, c'est le cachemire de laine, ou le mérinos très mat. — Le vrai patron de la tunique est toujours celui des Saintes tuniques de Trèves ou d'Argenteuil en forme de T.

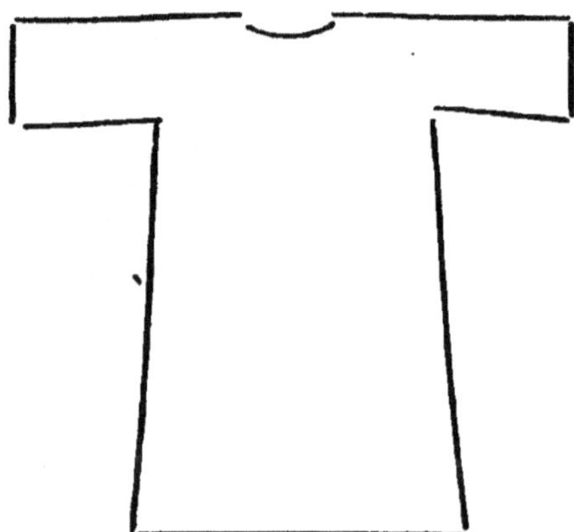

Les mesures de la Robe de Trèves sont 1,48 par devant, 1,51 par derrière, largeur du haut 0,70, du bas 1,00, manches 0,46 de long, 0,31 de large. Proportionner à la taille de l'individu.

On la retient par une ceinture très mince, on relève pardessus ladite ceinture la tunique qui doit en retombant cacher cette ceinture, et ne pas descendre plus bas que les genoux. Il importe qu'elle soit très large, très aisée et plus longue qu'il ne faut, afin de pouvoir se relever.

La toge est une tunique encore plus large et traînante. Elle tombe aux pieds, et doit être plus longue par derrière que par devant.

COSTUMES

La Piété. — Toge en foulard de soie, bleu et argent — tient une petite croix d'or. Couronne d'étoiles, de saphirs.

La Foi. — Toge blanche et or. — Calice. — Couronne d'étoiles de diamants.

L'Espérance. — Toge verte et argent. — Ancre. — Couronne d'étoiles d'émeraudes.

La Charité. — Toge rouge et or. — Cœur. — Couronne d'étoiles de rubis.

La Pénitence. — Toge rapiécée en laine brune et grise. — Grande croix de bois. — Couronne d'épines.

La Persévérance. — Toge d'or. — Couronnes d'or à la main. — Couronnée d'or.

Vital. — 1° Tunique brune en laine. — Sandales ou calcei patricii*. — Bulle d'or. — Rouleau d'écriture. — Maillot soie chair, à doigts de pieds, afin de paraître pieds nus à l'occasion.

2° Toge d'argent. — Auréole d'or. — Palme. — Pieds nus, ou cachés.

Félix. — 1° Tunique vert foncé laine. — Sandales demi-montantes. — Bulle d'or. — Maillot soie chair, id. **.

2° Toge blanche (de baptême), en toile batiste, pas trop transparente.

3° Toge d'argent. — Auréole d'or. — Palme, p. n.

Tarcisius. — 1° Tunique laine bleue. — Pallium bleu clair. — Calice. — Maillot soie chair, id.

2° Tunique longue toile blanche. — Pallium id., p. n.

3° Toge d'or. — Auréole d'or. — Palme et ciboire, p. n.

4° Toge d'argent. — Auréole d'or. — Palme et ciboire, p. n.

Donatus. — **Théodore.** — 1° Tunique rayée noir et blanc, étoffe arabe, frangée d'argent. — Cothurnes. — Bulle d'or. — Maillot soie chair, id. — Pallium gris et or.

* Les costumiers de théâtre à Paris possèdent tous ces modèles de chaussures anciennes.

** *id.* après maillot chair, signifie : à doigts de pieds séparés. — P. n. pieds nus. (*les laver*).

2° Tunique brun clair frangée vieil or, cachemire. — Sandales à bandes brun clair à lunule vieil or. — Grand pallium gris-amadou couvrant la tête et enveloppant entièrement le personnage de façon à le cacher.

3° Tunique grise et pallium gris de catéchumène, p. n.

4° Toge d'argent. — Auréole d'or, p. n.

Lépidus. — Toge soie chamarrée, étoffe orientale. — Pallium jaune brun et or. — Cothurnes.

Septentrion. — **Candide.** — 1° Maillot complet soie chair, id. — Caleçon à bandes (Rich, Voy. l'art. Cernuus), or et havane. — Bracelets d'or aux jambes, aux chevilles, aux bras et aux poignets. — Caligæ or et havane. — Pallium de foulard de soie rayé rose et bleu de ciel à paillettes et rubans d'argent. — Collier large, forme antique, or et ruban havane. — Cercle d'or où de diamants dans les cheveux frisés. (Perruque?)

2° Tunique et pallium gris de catéchumène, p. n.

3° (Orphée.) Pantalon à pied soie gris-perle avec bande de velours rouge, tunique pareille. — Pallium rouge et or. — Auréole rayonnante. — Voir le dessin d'Orphée dans les catacombes.

4° Toge d'argent. — Auréole et palme, p. n.

Cœcilius. — Toge cachemire à laticlave brun. Pallium bleu et brun très foncé. Cothurnes. Cheveux et barbe gris.

Diogène. — Tunique gris de fer. — Pallium vert-noir. — Croix grecques noires appliquées sur la tunique. (Voir le dessin de Diogène dans les catacombes). Perruque de chauve. Barbe blanche courte, maillot de jambes basané. — Sandales.

Arbacès. — 1° Toge rayée gris-vert et or. — Epitoge or et vert. — Pallium noir, rose et argent. — Bandelettes et bandeau or et pierrerie. — Perruque et barbe assyrienne. — Cothurnes épais, hauts et riches, roses et or. — Ceinture orfèvrerie et pierreries. — Agraffe de manteau retenant le pallium doublé soie rouge et verte frangé d'or et d'argent.

2° Pallium et voile en forme de galerum blanc or et vert. — Coiffé de la Cidaris royale [1].

[1] Voir Rich.

Damasus. — Toge bleu foncé. Epitoge blanche bordée de rouge. — Pallium brun et noir. Penula bleue à lacticlaves rouges. Croix pectorale. — Férula, perruque et barbe blanche longue. Caligæ noires.

2° Même toge, et même pallium mais plus déployé, plus enveloppant.

3° Toge blanche bordée d'or. Pluvial or et rouge. — Tiare primitive d'or à une couronne; ces vêtements-ci en soie, mis par-dessus la première toge bleue et très amples. (Il faut beaucoup d'ampleur à ces anciens vêtements; c'est un des caractères de l'époque.) — Caligæ blanches et or.

Prêtres chrétiens. — Toge blanche, colobium blanc et rouge à bandes angusticlaves de cette dernière couleur. Pallium-manteau noir doublé bleu foncé. Perruques et barbes, sandales brunes, couleur cuir. Les deux flabellifères portent la toge rouge.

Diacres. — De même avec dalmatiques rouge pourpre à lacticlaves blancs.

Fabiola. — 1° Stola lilas. — Pallium violet et or. — Voile brodé or et couleur. — Peplum pourpre et noir. — Collier antique en or, boucles d'oreilles or, bijoux or. — Sandales épaisses violettes et or en forme de calceoli.

2° Vêtement gris de catéchumène. — Voile gris, très enveloppant, et par conséquent très grand. — Sandales grises.

Sévérus. — Tunique rouge brun. — Maillot chair. — Bulle. — Sandales à bandelettes.

Fabius. — Tunique jaune doux foncé. — Maillot chair. — Bulle. — Sandales à bandelettes.

Eugénius. — Tunique de deux bleus. — Maillot chair. — Bulle. — Sandales à bandelettes.

Lucius. — Tunique gris ardoisé. — Maillot chair. — Bulle. — Sandales à bandelettes.

Scipion. — Tunique vert et noir. — Maillot chair. — Bulle. — Sandales à bandelettes.

Béatus. — Tunique rose et gris clair rayé. — Maillot chair. — Bulle. — Sandales à bandelettes.

N. B. — Les bandelettes des sandales sont couleur cuir, ou de la même nuance que le vêtement.

Sébastien. — Armure romaine dorée, complète. — Maillot soie chair. Perruque de cheveux blonds bouclés. — Barbe conforme, manteau de pourpre, insigne du général en chef.

Officiers. — Armures acier. — Maillots basanés.

Soldats. — Tunique de laine rouge sur laquelle se place l'armure, casque, arme, épées de fer, caligæ de cuir, maillots très basanés. — Jambières. (Voir le Dict. de Rich.)

Licteurs. — Tunique de laine rouge et brune. — Casques. — Armes, épées de fer, caligæ de cuir. — Maillots très basanés. — Faisceaux.

Trompettes. — Costumes de soldats. — Dalmatiques courtes or doublé rouge à aigles.

Enseignes. — Costumes de soldats. Cottes de maille. — Casque en forme de tête de lion ; enseignes romaines.

Labarum. — Même costume, tunique rouge et or, porte le labarum.

Prêtres payens. — Toges et épitoges jaunes à franges rouges. — Couronne de verdure, bandes en étoffe courte rayées, rouges et vertes, franges blanches. — Bandelettes frontales jaunes, franges rouges, bandeau rouge, sandales rouges.

Hiérophantes. — Maillots bruns. — Jupon noir rouge et jaune ; guirlandes de feuillage autour du corps, barbe et perruque noire. — Caligæ noires et rouges, ceintures cercle d'or ; voiles rouges.

Camilli. — Tuniques longues jaunes à angusticlaves noirs, cheveux (perruque) très longs bouclés et frisés. (Voir Rich. art. Camillus, angusticlavus, et *clavus*), p. n.

Néocores. — Maillots bruns, tunique verte et blanche avec feuillages. — Étoles courtes blanches bordées de rouge à lunules d'or. — Bandeaux rouges, caligæ rouges.

Sorcière. — 1° Pallium, manteau à capuchon gris, avec dessins fantastiques noirs, enveloppant entièrement l'individu

2° (Satan). Maillot rouge, velu par place ; bandes noires perruque et barbe noire et rouge. — Cornes. — Fourche. — Ergot derrière le maillot à doigts de pied et à semelle noire ; — Caleçon noir et rouge à queue de serpent et gants rouges à griffes. — Ailes de chauve-souris. — Ceinture dorée à pierre.

rouges, — pierres rouges en collier, pieds et mains velus. — Figure peinte avec du carmin et du noir d'ivoire, teintes bleu-violette avec laque violette au miel. — Bijoux électriques. — Tête de mort, couleuvre, vipère. — Justaucorps rouge et noir.

Diablotins. — Maillots noirs velus, caleçons noirs et rouges, masques. — Perruques hérissées.

Apparitions. — 1° Grand drap blanc, — tête de mort.

2° Grand drap rouge (Andrinople), tête de diable vert.

3° Maillot noir à bandes blanches simulant les os;

4° Spectres, fantômes. — A choisir chez les costumiers.

Constantin. — Toge soie brochée d'or, armes, cuirasse d'or. — Caligæ or et rouges. — Grand manteau impérial or et fourrures, agrafe et ceinture, collier et épée, sceptre or et pierreries. — Couronne impériale. — Perruque et barbe. — Si la toge est relevée; maillot soie chair, jambières d'or.

Pages. — Maillot soie chair, perruque à pointes d'or, coiffure, dalmatiques courtes or et pierreries. — Cothurnes or et noir. — Bracelets, colliers, pièces d'or.

Princes. — Robes d'or, cuirasses, armes, couronnes d'or, pallium manteau, rouge et argent, vert et or, bleu gris or et argent, violet et or.

Polymnie. — Violet lilas et or. — Rouleau de papyrus. — Perruque antique, ainsi qu'aux autres Muses. — Tablettes.

Clio. — Brun Van Dyck, multicolore argent et or, et style.

Euterpe. — Vert pâle et argent. — Lyre argent et or.

Uranie. — Bleu foncé, étoiles d'argent, soleil et lune, comètes. — Sphère céleste.

Terpsichore. — Rose, vert-clair et or. — Tympanon, id.

Erato. — Rose de plusieurs tons et argent. — Bouquet et guirlande de rose.

Melpomène. — Noir et rouge. — Poignard.

Thalie. — Jaune brun et rouge, or et argent. — Masque antique.

Calliope. — Pourpre et rouge, or. — Lauriers verts et or.

Virgile. — Toge et pallium blancs bordés de pourpre, andales pourpre et or, couronné de lauriers et d'oliviers d'or, — tient l'*Enéïde*, et une couronne.

Les Sybilles. — Vêtement or et blanc. — Livres Sybillins. — Noms sur les phylactères (de même pour les muses *).

Bergers. — Tunique rayée, — Chlamyde en peau de chèvre. Chapeaux de paille antique. — Sandales cuir. — Maillots basanés. — Pédums. Flûte de Pan.

Guerriers. — Maillot chair. — Cuirasse. — Jupon à bande, et casque antique, armes, boucliers, acier. — Cothurnes rouges, bruns et or.

Génie. — Petites ailes. — Maillot soie chair, id., tunique caleçon rayée or et argent, ceinture, bracelets or. — Caligæ à bandes, or et argent ou p. n., cercle d'or, avec une étoile, dans les cheveux longs et bouclés. — Perruque.

Curieux. Peuple. — Tunique, toges, palliums, voiles, sandales, de couleurs diverses, femmes voilées (15).

N. B. — Nous ne donnons la nomenclature de ces costumes qu'à titre de document à consulter. On peut les modifier et les simplifier de bien des manières, sans cesser d'être exact. — Le prix de ces 120 costumes n'a pas dépassé 800 fr. ; on pourrait les avoir à bien meilleur marché. Tels qu'ils sont, ils ont servi depuis 1857 dans beaucoup d'autres pièces, et comme ils ont été faits très larges et très amples, on pourra les employer encore longtemps, et ils sont toujours très bons; grâce à leur ampleur, ils s'usent fort peu.

* On avait écrit le nom de chaque muse en or et en caractères grecs, sur leur coiffure.

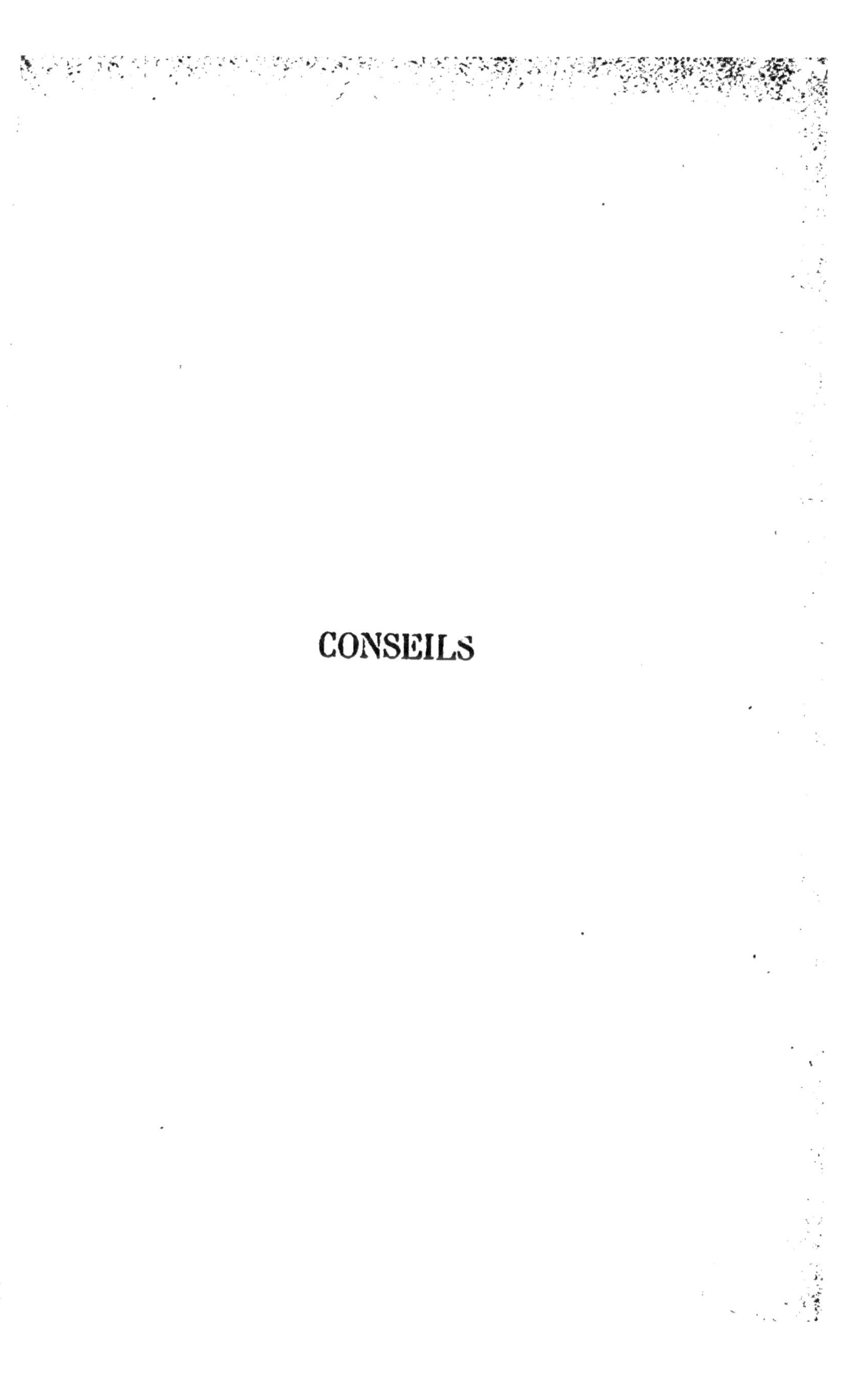

CONSEILS

CONSEILS

La piété est le principal mobile de ce mystère.

Les sentiments sincèrement pieux, le désir d'élever son âme vers les régions célestes, doivent donc animer ceux qui concourent à la représentation de ces actes des jeunes Martyrs. — Nous le répétons, la piété, c'est la première de toutes les conditions; c'est la préparation par excellence; c'est en même temps la cheville ouvrière de l'œuvre et des ouvriers. Tous les rôles doivent se ressentir de cette disposition fondamentale sur laquelle s'édifie cette pièce essentiellement religieuse. — Nous disons : *tous* les rôles.

Et à ce propos qu'on nous permette de conter une courte anecdote.

Il y a un demi-siècle à peu près, le théâtre de la Scala à Milan donnait à grands frais l'opéra de Meyerbeer, *Robert le Diable*. — L'acteur chargé du rôle de Bertram, c'est-à-dire du démon, possédait une voix superbe, jouait à merveille ; on l'applaudissait avec furie, et son succès devenait si extraordinaire qu'on refusait chaque soir, faute de place, des milliers de spectateurs. Tout à coup on apprit avec la plus grande stupéfaction que le merveilleux Bertram avait disparu. Il était parti subitement, payant son dédit, sans faire connaître à âme qui vive le lieu de sa retraite, ni les motifs de ce départ instantané. Ce fut un événement qui bouleversa le monde artistique, et qui faillit ruiner l'impresario.

Voici ce qui était arrivé. — Un frère de cet acteur faisait partie de l'ordre de Saint François d'Assise; il se préoccupait souvent du salut de son frère et l'avait maintes fois supplié, — sans résultat, — de renoncer au théâtre. Il eut alors l'idée de se servir du rôle même pour obtenir cette conversion si désirée. — Je ne te demande plus qu'une seule chose, lui écrivait-il, c'est, pendant que tu seras en scène, de penser sérieusement pendant un quart d'heure à l'enfer. Fais cela, une seule fois, pour moi, et je n'insisterai plus.

Le résultat de cette méditation fut la disparition de l'acteur que nous retrouvons quelque temps après au monastère de Saint-Paul-Alle-tre-Fontane, situé à quelque distance de Rome, édifiant cette communauté de saints Trappistes par une vie et une mort de prédestiné.

Nul n'aurait connu le sort de ce grand artiste, si le hasard, ou plutôt la Providence, n'eût amené à ses funérailles, — qui se font en Italie à visage découvert, — l'ancien directeur de la Scala, lequel reconnut à certain cachet inoubliable les traits de cette physionomie idéalisée par le trépas, qui lui rappelèrent le plus célèbre chanteur de la scène Milanaise.

Si donc, au milieu du monde et de ses dangers, une simple réflexion amène un pareil résultat, combien plus dans une maison chrétienne, aidées par les enseignements les plus sérieux et les plus profonds, les mêmes causes devront-elles produire des effets bien plus salutaires encore, dont l'impression durera autant que le souvenir des joies pures de la jeunesse, élevée et dirigée par la religion elle-même !

Paulo minora canamus.

Le premier conseil que vous deviez écouter et mettre à profit, c'est d'être *naturel*, être vrai, être soi. — Il faut en même temps s'identifier avec le personnage de son rôle. Voilà le secret pour jouer ce rôle à merveille, tout en restant dans les limites du tact et de la discrétion.

Entrez dans la peau du bonhomme, disent les réalistes, — vivez de sa vie, — pensez comme lui, — devenez sa photographie vivante, physique et morale, et vous réussirez d'emblée avec de la réflexion et du travail...

Et pourtant il faut que votre jeu soit sobre et contenu.

Ne négligez aucun détail. Rappelez-vous à chaque moment la règle qu'on vous a déjà si souvent répétée : *age quod agis ;* faites de votre mieux ce que vous faites, ce que vous avez à faire.

Savoir son rôle par cœur, c'est la moindre des choses. — Ce n'est qu'une fois le rôle parfaitement su, qu'on peut l'étudier, le creuser, le scruter avec profit, et s'efforcer de rendre les nuances qui distinguent et font valoir le personnage comme il convient.

Demandez souvent à vos professeurs, et même à vos camarades, ce qu'ils critiquent dans votre jeu, dans votre manière d'être, dans votre tenue; dans votre prononciation principalement. La prononciatiou, hélas ! c'est toujours le côté faible...

Ne méprisez aucune observation, si minime qu'elle vous paraisse; tenez-en compte, et sachez distinguer, — c'est là le *hic*, — les observations dont vous sentez avoir le plus besoin. Sachez séparer les critiques fondées d'avec celles qui ne le sont pas. Avec un peu d'attention, vous y parviendrez facilement. Il ne faudrait pas, non plus, que trop de critiques et d'observations vous fassent perdre la tête.

Occupez-vous d'avance de votre costume. — C'est plus important que vous ne pensez. — Si vous avez des imperfections, il les dissimulera peut-être. Sachez que les moindres rôles ont leur valeur, et qu'il suffit d'un personnage gêné par ses vêtements, ahuri, dissipé, mal habillé, prêtant à rire, pour embarrasser tout le monde, et compromettre la réussite de l'œuvre. On a vu d'excellentes pièces échouer parce qu'un des comparses avait mis son vêtement de travers, ou pour quelqu'oubli ou inattention de ce genre.

Si vous saviez toutes les qualités que vous pouvez acquérir en vous appliquant à bien représenter cette pièce! — De la mémoire, de l'ordre, de l'attention, de la réflexion, une modeste assurance; vous apprendrez à vous présenter, à parler convenablement en public, chose si importante, si nécessaire à notre époque! Vous y perdrez cette timidité qui paralyse les meilleurs moyens. Vous y prendrez de la tenue, de l'aisance dans les manières, de la facilité dans l'élocution, — Vous y trouverez d'intéressantes notions sur l'histoire ancienne, la mythologie, la géographie, l'histoire Romaine, l'histoire plus attrayante des premiers siècles de l'Eglise, sur la liturgie, sur les catacombes et les rites primitifs, sur l'archéologie, l'épigraphie, l'hagiologie, etc. — Et nous ne parlons pas des grandes vertus dont vous trouvez ici les modèles. — Nous ne pouvons que vous souhaiter de devenir semblables aux Vital, Tarcisius, Félix, Candide; Cœcilius, Sébastien, au grand pape Damase, et même à Donatus-Théodore ainsi qu'à ses camarades, — après leur conversion bien entendu. — Et si ce bonheur de leur ressembler obtenu par vos efforts, vous arrivait, nous ne croirions, ni les uns ni les autres, avoir perdu notre temps, n'est-ce pas?

Encore une demande instante. — Parlez *clairement*. — Prononcez chaque syllabe *distinctement* avec cette légère exagération indispensable à l'orateur public. — *Ne criez pas*. — Ne faites pas ces efforts inutiles, devenant parfois grotesques, sans que vous vous en aperceviez.

N'oubliez pas, surtout, qu'il y a au fin fond de la salle des auditeurs, aussi désireux de vous entendre, que les privilégiés placés près de vous. — Parlez pour eux aussi. — *Sans crier*.

Même en parlant presque bas, mais d'une façon suffisamment distincte, on se fait entendre et comprendre de fort loin. — On vous écoute alors, bien plus attentivement. — Je vous le répète; le seul moyen de vous faire comprendre à l'extrémité de la salle, c'est *d'articuler nettement* chaque syllabe.

Souvent une voix sonore, mais peu distincte, ne se comprend plus du tout, quand il existe le moindre écho. — Etudiez-vous donc avec le plus grand soin à corriger les défauts de prononciation, d'émission de voix, de timbre faux ou dur, qui pourraient vous causer plus de préjudices que vous ne le pensez, à vous et aux autres. — Ce sera du temps bien employé, soyez-en certains.

Rappelez-vous aussi cette grande règle de théâtre qui veut que les acteurs parlent *toujours* tournés en face du public, et *jamais* vis-à-vis de leurs interlocuteurs. — Règle absolue, souvent éludée par les commerçants, dont l'oubli fait perdre aux assistants, le fil de l'action représentée devant eux, et les désintéresse de ce qui se passe sur la scène ; car ils perdent alors, non seulement les paroles, mais encore les jeux de physionomie qui sont parfois d'une grande importance.

Tachez d'avoir de la présence d'esprit, de ne pas vous troubler. Mettez-vous à l'aise ; ne soyez pas géné quand vous êtes en scène.

Cette recommandation-là est plus facile à faire qu'à suivre, mais si vous travaillez un peu cette géne, vous la ferez disparaître, pourvu que vous le vouliez fermement, et avec suite.

Un mot aux principaux rôles.

Laissez-vous aller à vos impressions en scène, selon le personnage que vous représentez. — Ne vous raidissez point contre elles, — la raideur vous ferait bien du tort. — Vous n'établirez entre les spectateurs et vous ce courant magnétique, si connu des bons acteurs, qu'à la condition d'éprouver, — de ressentir, — de laisser paraître, — les émotions intimes que vous voulez inspirer à votre public. — Pour obtenir ce résultat, il est nécessaire de le vouloir fortement et continuellement. — Vouloir, c'est pouvoir.

Les impressions et les sentiments passionnés de cette pièce sont très graves et très beaux. — Ils peuvent vous élever très haut. Laissez-vous entrainer, pénétrer... Ne craignez pas de montrer ce qu'il y a de sensible, de délicat, de charmant, de vivant, d'exquis, dans le fond de vos âmes et de vos cœurs.

Chassez le démon muet. — Vous savez comment.

Attirez à vous, entraînez à votre tour, magnétisez, en quelque sorte, les cœurs et les âmes. — Dépensez-vous ; ne craignez pas le *labor improbus;* donnez-vous de la peine, du mal, s'il le faut, pour atteindre ce beau résultat. — Alors non seulement vous plairez, mais encore vous toucherez, vous édifierez, vous convertirez. Vous ferez acte de missionnaire et d'artiste, de prédicateur et d'ange.

Nous avons insisté sur la nécessité pour l'acteur d'être aussi à l'aise dans son costume que dans ses vêtements quotidiens. Comme exemple *a fortiori*, nous pourrions citer un collège étranger, très réputé, où les élèves désignés pour jouer un rôle mettent leur costume de théâtre toute la journée, pendant la quinzaine précédente, sans que personne s'en étonne, ou n'aie l'idée d'en plaisanter. Nous avouons qu'en France les écoliers ont des cervelles si légères, ils sont si peu sérieux, et, la plupart du temps, si mal élevés, qu'ils en profiteraient pour se dissiper encore davantage, se moquer et ricaner, enchantés de trouver cette occasion de mettre en relief leur inconcevable niaiserie.

Cependant, il y a des exceptions, et nous connaissons d'honorables établissements où, la communauté étant prévenue d'avance, le fait pourrait se produire sans aucun des inconvénients que nous venons de signaler.

Quant au choix des acteurs, nous assurons qu'il demande d'être minutieusement approfondi. — Il est toujours nécessaire d'essayer le rôle à trois ou quatre individus, avant de choisir celui auquel il convient le mieux. Mais si l'amour propre s'en mêle d'une part, si, de l'autre, le choix se détermine par des considérations étrangères à la pièce, la représentation s'en ira à vau l'eau, car, avant tout, il faut que l'acteur convienne au rôle, et réciproquement. On a vu, — plus souvent qu'on ne croit, — des rôles distribués comme récompense aux plus sages, sans s'inquiéter le moins du monde de savoir si le rôle convient ou non, et on s'étonne ensuite d'avoir un fiasco complet! Il faut avouer qu'il y a des esprits bizarres, et bien peu logiques, manquant de tact au point de faire jouer des rôles de femmes par des basses-tailles, sans se rendre compte de l'absurdité et du ridicule de la chose; paraissant même ne pas se douter du *tolle* général. Et voilà où, faute de bon sens et de raisonnement, des gens qui se croient sérieux en arrivent.

Nous nous rappellerons toujours l'embarras d'un certain directeur de pension, cherchant en vain, dans son nombreux personnel, un acteur pour le rôle de Joad dans *Athalie.* — Il est vrai que ce rôle est l'un des plus difficiles qui existent au théâtre. — Cet excellent directeur s'obstinait à essayer les sommités des classes supérieures, supposant, *bien à tort*, que les plus savants devaient être les plus aptes ; quand un des professeurs prit sur lui de désigner au choix du maître un pauvre élève, le dernier de sa classe, peu estimé pour sa science, fort modeste, passant toujours inaperçu, d'un physique des plus indifférents, l'un de ces êtres délaissés, d'une nature terne auquel personne n'avait fait attention jusqu'alors.

On commença par rire ; — c'est assez l'usage chez nous. — Pourtant, ne voulant, ou peut-être ne pouvant pas désobliger le professeur, homme des plus instruits et des plus distingués, on fit comparaître l'écolier en question. Le pauvre garçon, mal vêtu, mal peigné, tout honteux, se refusait à cette exhibition, craignant quelque surcroît d'avanie. On le poussa, sans s'inquiéter de sa résistance opiniâtre, devant le comité. A son aspect, les rires de l'aréopage éclatèrent. Le professeur, piqué au jeu, prit l'élève récalcitrant par le bras ; il l'obligea à relever sa tête toujours baissée, et à découvrir sa figure toujours masquée par une forêt de cheveux semblable à de l'étoupe emmêlée par les griffes d'un chat. Il fit remarquer, malgré les railleries de l'assemblée, des yeux noirs pleins de feu, quand il voulait bien les lever et les ouvrir; une physionomie un peu grimaçante, mais des plus mobiles. — Hé bien, ce garçon qui passait pour laid, paresseux, et loin d'être malin, s'est transformé en peu de temps, du tout au tout. — Son rôle l'empoigna ; il le joua dans la perfection. Les admirables vers de Racine l'ont pour ainsi dire ressuscité ; il le disait à qui voulait l'entendre. Aujourd'hui, l'interprète de Joad occupe une position élevée et bien méritée, parmi le clergé contemporain. Il passe pour l'un de nos meilleurs orateurs de la chaire. Sans la bienveillante et persistante initiative de son perspicace professeur, l'humble élève, — qui est devenu un homme de haute valeur, — serait probablement resté à végéter dans une situation infime, sans espoir de monter plus haut et de sortir de l'ornière où il s'était embourbé tout d'abord.

Craindre de blesser l'amour-propre de ceux auxquels on a confié un rôle et qui ne le rendent pas convenablement, est une sottise. Il vaut bien mieux alors ne pas jouer de pièce, plutôt que de leur laisser jouer ce rôle qui sera pour eux et pour ceux qui les ont choisis un sujet de reproches malheureusement fondés, sans compter qu'une pièce mal interprétée ne peut pas réussir. Bien des gens, par faiblesse de caractère, par négligence, n'osent pas dire à l'acteur qu'il joue mal, et préfèrent en risquer les conséquences. Souvent c'est par amour-propre; pour qu'il ne soit pas dit qu'ils se sont trompés dans leur choix, — que voulez-vous que devienne une pièce dans ces conditions-là?

Etudiez donc l'acteur avant qu'il n'étudie son rôle. — Faites-le lui lire haut. — Cherchez les physionomies mobiles, la sensibilité dans le caractère, une voix chaude et vibrante plutôt que forte et sonore. L'expression du masque est bien supérieure à la beauté des traits. Des laideurs animées, vivantes, l'emportent sur la régularité froide des figures sans âme, quoique classiquement belles. — Trouvez dans vos interprètes la chaleur qui électrise l'assistance. — Dans tous les cas, vous ne ferez jaillir l'étincelle que si vous rencontrez le vrai silex toujours recouvert de sa gangue et qui n'est pas si difficile à découvrir qu'on pourrait le craindre.

On a constaté que souvent les jeunes Français jouent moins bien que les jeunes Italiens, et même que les jeunes Suisses ou Germains, — d'où vient cela ?

D'abord de l'éducation française fort négligée dans le premier âge. Qu'il est rare de trouver un père français voulant bien s'occuper personnellement de son fils, avec suite et conscience ! — Trouverez-vous plus facilement une mère française qui ne gâte pas horriblement sa progéniture, mâle surtout ! — Cela provient encore de l'étourderie, de l'enfantillage, de la légèreté, du manque absolu de réflexion, qui caractérise nos jeunes Français, plus que dans aucune autre nation. — Sous le rapport dramatique, nos enfants sont moins intelligents que les jeunes Italiens, doués d'une manière exceptionnelle pour le théâtre tragique ou comique, ce comique fin, délicat, léger et de bon goût dans lequel ils excellent. — L'enfant français tombe dans la farce grossière très promptement, il n'est plus naturel. Il est gêné et il veut faire de l'esprit, oubliant que l'esprit qu'on veut avoir gâte celui qu'on a, et, en désespoir de cause, il devient canaille et de fort mauvais goût, s'égarant de plus en plus, jusqu'à la chute finale.

Le Germain n'est pas comique. Il y est lourd et n'y entend rien, ses plaisanteries sont presque toujours sottes ou absurdes. — Mais dans la tragédie, dans les pièces épiques, poétiques, sérieuses, — pour peu qu'ils soient bien dirigés, car la direction fait tout, — leur supériorité sur les jeunes Français et même sur les jeunes Italiens, — trop souvent portés à exagérer les situations, — n'est pas contestable. Ils se dressent mieux que les nôtres, ils y mettent beaucoup plus de bonne volonté, infiniment moins d'amour-propre; aussi le succès vient-il avec justice récompenser leurs efforts.

Certainement si nos jeunes compatriotes le voulaient fortement, s'ils voulaient bien aussi mettre de côté ce détestable esprit de contradiction et de moquerie qui s'oppose toujours à leur réussite, nous sommes persuadés qu'ils dépasseraient Germains et Italiens. Mais ils ne veulent pas. Ils rient, ils ricanent, *rigolent* suivant leur noble expression, ils se moquent, se découragent tout de suite... pas sérieux, voilà la vérité. Ceci dit, nous déclarons qu'il y a de très brillantes exceptions à cette règle malheureusement générale. — Nous pourrions citer en Lorraine de jeunes acteurs merveilleusement doués, qui ont charmé, entraîné, stupéfié d'admiration leur auditoire. Cela a existé, et doit encore exister. Il faut les chercher et les trouver.

Un article intéressant du journal *le Gaulois* paraissait, il y a quelques années, à propos des Meininger. Ces acteurs célèbres, formés par le duc de Saxe-Meiningen, sont destinés uniquement à vulgariser les chefs-d'œuvre de Goëthe et de Schiller, partout où ils vont donner des représentations. L'auteur de l'article en question revenait de Bruxelles, où il avait assisté à leurs séances. — Quoique Français et bon Français il en était revenu absolument enchanté. — Ce qui l'avait surtout frappé, c'est la perfection d'assimilation des personnages, leur ensemble, leur modestie singulière, personne n'acceptant de briller aux dépens de ses camarades, et surtout leur docilité à suivre les moindres impulsions du directeur, qui est, au reste, un homme d'une haute valeur. Une modestie pareille ! trouvez-là chez nous ! — Ce serait cette docilité intelligente qu'il faudrait pouvoir inculquer à nos jeunes acteurs ! cette humilité inconnue parmi nous, ce goût du travail littéraire et sérieux en même temps, cet ensemble si rare, car, pour du talent on en trouverait assez. Travaillez, c'est le fonds qui manque le moins; seule, la culture fait défaut et cela par notre faute.

Encore une remarque. — Evitez autant que possible de jouer dans une salle basse : rien n'est plus mauvais pour la voix et pour l'esthétique. D'abord elle s'échauffe de telle sorte qu'on y étouffe en raison de la nombreuse assistance ; on voit mal et l'acoustique en est déplorable, l'éclairage y est toujours défectueux, je ne parle pas des décors qui ne peuvent avoir ni air, ni perspective. Les acteurs sont parfois plus grands que les maisons ; cela devient ridicule...

Si votre salle a moins de 6 mètres de hauteur, votre scène deviendra trop petite et ne sera bonne que pour des marionnettes.

Il est contraire aux règles de l'art que l'ouverture de la scène soit plus large que haute, avec six mètres de hauteur de salle, la scène élevée d'un mètre peut avoir quatre mètres sur quatre, car il faut tout près d'un mètre pour le mécanisme du rideau qui s'enroule. Or, dans les théâtres sérieux, le rideau s'enlève d'une seule pièce et demande au-dessus de lui un peu plus de la hauteur de la scène; ainsi pour une scène de 4 mètres il faudrait une hauteur de près de dix mètres à partir du plancher de la scène pour que le rideau s'enlevât correctement.

Cet exemple *a fortiori* montre qu'il faut donner à la salle la plus grande élévation dont on puisse disposer, ainsi qu'à la scène.

Il est évident qu'on ne peut pas toujours posséder un local dans les conditions requises, et qu'il faut se servir de ce qu'on a, mais, au moins, que l'on tâche de s'en rapprocher autant que possible en se pénétrant bien des inconvénients résultant du manque d'espace, et s'efforçant d'y suppléer et d'y remédier, quand cela se peut.

Presque toujours les salles de théâtre, — particulières, — sont trop basses. Ce défaut est si fréquent, en France, qu'on n'y fait plus guère attention.

Il serait bon que les accessoires de la pièce fussent rangés par actes, sur des tables préparées, avec l'indication *écrite* de leur emploi. On éviterait ainsi une grande perte de temps à les chercher dans tous les coins.

Les effets fantasmagoriques, les apparitions doivent être étudiés soigneusement d'avance, et se trouver aussi tout prêts.

Les rideaux marchent-ils bien? essayez-les encore au dernier moment.

. . . .

N'éclairez pas trop la salle; décorez-là sobrement. — Craignez beaucoup de faire tort à la scène, en attirant l'attention sur ce qui est en dehors d'elle, c'est très important. Si vous avez du gaz dans la salle, baissez-le; n'oubliez pas qu'il sent mauvais et qu'il échauffe. Si ce sont des bougies? tâchez qu'elles ne coulent pas sur les spectateurs; des lampes? que les verres ne se cassent pas sur leur dos; de l'électricité? qu'elle ne les aveugle pas. Que le pétrole n'éclate pas surtout, et pour cela, essayez consciencieusement votre luminaire auparavant. Moins la salle est éclairée pendant la représentation, mieux cela vaut.

Mettez de la variété dans les lumières de vos apparitions. Celles du démon doivent être rouges ou verdâtres. — Celle des saints sera blanche, éblouissante, avec quelques nuances, si l'on veut, de bleu clair ou rosé. — La vision finale réclame un éclairage puissant, fourni par l'électricité, la lumière Drummond ou le magnésium, tâchez qu'elle ne force pas les acteurs à cligner les yeux, et à faire des grimaces, ce qui serait déplorable pour des élus, et gâterait tout le Mystère.

Il faut étudier à fond la partie des trucs. Il ne s'agit pas de les rater au dernier moment. — Les trappes anglaises seront encore essayées, au dernier moment aussi, le décor en place.

Dans le cas assez fréquent où l'un des acteurs serait indisposé pendant la représentation qu'il trouve immédiatement ce dont il aurait besoin ; de l'éther, du sucre, de l'eau de mélisse, du perchlorure de fer, de l'arnica, etc., sont utiles. N'oubliez pas des verres, cuillers, serviettes et même mouchoirs ! — des brosses, etc.

Prévoir les manquements. Posséder des doublures des rôles principaux, c'est indispensable. En hiver, les rhumes, maux de gorges et autres indispositions, sans être graves, dérangent les acteurs, et parfois les empêchent de jouer. Il faudrait pouvoir les remplacer au pied levé.

Ne jouez jamais en sortant de table, cela trouble la digestion et peut amener toutes sortes d'accidents. — Dans les grands théâtres, l'usage est de manger seulement après la représentation.

Avant d'entrer en scène, Mlle Mars suçait des côtelettes de mouton, Mlle Rachel buvait un demi-verre de vin de Porto. Talma avalait un verre d'eau d'Ems, et la célèbre Malibran gobait deux œufs crus. Rubini prenait du lait aiguisé de kirsch, etc.

Il faudrait essayer ce que l'on pourrait faire prendre aux acteurs auparavant. Se méfier du vin. Pour quelques-uns qui s'en trouvent bien, d'autres en abusent, et s'en trouvent mal. Parfois le punch léger réussit. On pourrait consulter la Faculté à cet égard ; cependant il est indispensable que l'estomac ne souffre pas, et que le physique puisse se maintenir en haleine jusqu'au bout. Tout cela est à voir, à prévoir et à étudier.

La température de la salle, celle de la scène, et du lieu où les acteurs s'habillent demandent à être prévues, en hiver surtout. Évitez, par-dessus tout, les *courants d'air*. L'éclairage, les voix, les santés s'en ressentent immédiatement, sans compter les *humeurs*, qui de bonnes deviennent mauvaises *subito*.

Que les issues soient nombreuses, larges, commodes. — Que le danger d'incendie principalement soit écarté avec le soin le plus extrême. — Faites très attention aux torches, lanternes, aux étoupes enflammées, à tout l'appareil pyrotechnique ; à l'éclairage souvent trop rapproché d'une tenture, d'une boiserie, d'un objet inflammable. — Que le feu prenne par exemple à certaine salle située sous la toiture, ou dans les hauteurs d'une habitation, et s'il n'y a pas un désastre effroyable, ce sera le plus grand des miracles.

L'aération *modérée* par les plafonds est encore celle qui vaut le mieux ; toujours sans exposer les spectateurs aux courants d'air.

Au lieu de l'éclairage par la rampe, nous préférons pour ce mystère placer deux réflecteurs derrière le manteau d'arlequin, pourvu que ledit manteau soit assez avancé et touche le rideau de façade, si l'on pose ces réflecteurs par devant le rideau, s'arranger pour les dissimuler soit par des fleurs, des vases, etc. L'important, c'est qu'ils éclairent bien sans qu'on les voye. — Etudiez bien l'éclairage, c'est essentiel. Que votre rideau soit simple. Méfiez-vous des trop jolis rideaux ; ils font tort à la scène et aux décors, parfois aussi à la perspective. Que l'on souffle les acteurs, soit par le trou du souffleur, soit par la coulisse, il est indispensable que le souffleur soit habitué aux acteurs, et ceux-ci au souffleur, car ils sont très disposés à rejeter sur lui leurs défauts d'attention et de mémoire.

Ne prenez jamais un souffleur qui ne connaisse pas la pièce, ou qui fasse ses débuts, et dont vous ne soyez pas absolument sûr.

Croyez bien que son choix n'est pas indifférent.

Quant à l'habillement des acteurs, pour que tout se passe sans encombre et décemment, il convient de les engager à mettre, dès leur lever, un léger caleçon de bain qu'ils conserveront toujours sous leur vêtement. Avec cette précaution, la plus stricte décence est sauvegardée, et l'on peut débarrasser les acteurs des chemises, grands caleçons et pantalons, qui produisent le plus déplorable effet avec les vêtements d'une autre époque, sous lesquels assurément il n'y avait rien, surtout sous ceux de l'antiquité héroïque, grecque, ou romaine.

Beaucoup de nos contemporains se souviennent encore de la singulière représentation d'une pièce tragique, donnée dans une maison d'éducation que nous ne nommerons point. Au lever du rideau, on aperçut, en guise d'acteurs, des poussahs grotesques avec des tournures insensées, des développements étranges, essayant à grand'peine des gestes ridicules, se choquant les uns contre les autres, tout rouges et suant à grosses gouttes. A peine pouvaient-ils remuer ; ils paraissaient littéralement étouffer.

Les spectateurs, eux, tâchaient d'étouffer leur envie de rire. La tragédie tournait au comique, lorsque tout à coup l'un des acteurs se trouva mal, ce qui interrompit la pièce, et paracheva le désarroi général. Le père de l'acteur était parmi les spectateurs. Naturellement, il courut au secours de sa progéniture, et lorsqu'il revint, rassuré sur le sort de cette étoile filante, il apprit à ses voisins anxieux que l'accident avait été causé par la masse d'habillements dont était affublé e pauvre diable. — Figurez-vous, ajouta-t-il, qu'on les a forcé d'endosser leur costume par-dessus leur uniforme ! — Mais pourquoi cela ? — C'est le chef de l'établissement qui l'a exigé, sous prétexte de décence.

En effet, le digne pédagogue n'avait, de sa vie, mis les pieds au théâtre, ne s'en faisait aucune idée, et n'y entendait rien. Manquant de goût et d'esthétique, il ne comprit pas d'où venait l'insuccès de la représentation qu'il attribua à une toute autre cause, et il s'en prit au pauvre Racine qui n'en pouvait mais.

Évidemment avec de pareils accès de susceptibilité exagérée il aurait beaucoup mieux fait de laisser l'art dramatique en repos. Mais qui aurait osé le conseiller ? — Les gens scrupuleux sont souvent bornés, et toujours susceptibles.

En prenant la précaution ci-dessus indiquée, en y ajoutant encore, si l'on veut, un surveillant actif, ayant de bons yeux, nous supposons qu'il y a moins à craindre pour la moralité que lorsque les acteurs se couchent au dortoir le soir, se lèvent le matin, ou vont au bain. Car enfin il faut bien s'habiller et se déshabiller chaque jour, et on doit savoir le faire convenablement.

Toutefois, il faudrait éviter que des costumes découverts exhibent des jambes cagneuses, des bras-ficelles, des membres difformes, des gens mal bâtis, mal tournés, ou d'une laideur que nous appellerons antipathique, car il y a des laideurs plus sympathiques que certaines beautés. Or le costume, intelligemment compris, doit dissimuler toutes les imperfections, et mettre en relief tous les avantages naturels.

Vous vous intéressez d'autant plus à un personnage qu'il

se rapprochera plus exactement de l'idéal que vous vous en êtes formé dans votre imagination.

Quant à se figurer que l'intérêt de la pièce, que sa partie intellectuelle, littéraire, que les beautés morales qui s'y développent pourront faire passer par-dessus l'extérieur des acteurs et sauvegarderont la pièce, c'est la plus grosse de toutes les erreurs; et ceux qui ont ces idées-là feront bien de mettre tragédies et comédies de côté, car le sens dramatique leur manque absolument. — C'est l'inconvénient de ces pédagogues qui réduisent toute l'éducation à préparer et à passer un examen. On force l'écolier à devenir une serinette et l'on s'aperçoit, — toujours trop tard, — que le fameux examen passé, le susdit écolier est bon à tout, et, en réalité, propre à rien. C'est le malheur de notre époque. — Étudiez donc les motifs pour lesquels les Pères Jésuites tiennent tant à ce que leurs élèves jouent des pièces en public, et vous serez étonné de la quantité de qualités utiles que produit cet exercice, lorsque il est employé dans des conditions convenables, et avec le soin qu'il réclame impérieusement, sous peine de n'être qu'une parade ridicule, pour ne rien dire de plus.

La conclusion de tout ceci, c'est qu'il ne faut jouer de pièce que si l'on est certain de réussir, c'est-à-dire si l'on est décidé à faire tout ce qu'il faut pour cela, et naturellement si l'on en possède les moyens moraux ou physiques, car si la critique est aisée, — et souvent elle surabonde, — l'art est difficile, et n'est pas donné à tous.

Ce que nous venons de dire s'applique aussi bien aux tableaux vivants, genre de représentation souvent employée dans les collèges étrangers, anglais surtout, pour identifier les élèves avec les diverses époques de l'histoire. C'est, disent les éducateurs d'outre-Manche, un excellent moyen de faire connaître en détail les coutumes, les usages, la façon de vivre, d'un autre temps, et de se rendre un compte exact de l'esprit intime et historique des divers pays anciens et modernes. C'est l'histoire en action.

Toutefois l'exactitude que réclame ce genre de représentation ne laisse pas que d'être assez dispendieuse. Dans nos pays, il serait difficile d'obtenir des élèves, ou des parents, ce surcroît de dépense; ce qui ne ferait pas un pli ailleurs, soulèverait chez nous de réelles difficultés. C'est bon pour les sujets de l'empire britannique beaucoup plus riches, et plus généreux dans ces occasions où leur amour-propre est en jeu.

Nous donnons, — à titre de curiosité, — la traduction libre d'un programme exécuté dans une institution très florissante du sud de l'Angleterre, et dont la brillante mise en œuvre a remporté tous les suffrages d'une assistance choisie.

COLLÈGE DE ***

PROGRAMME D'UNE SOIRÉE HISTORIQUE OFFERTE A LEURS PARENTS ET A LEURS AMIS, PAR LES ÉLÈVES ET PROFESSEURS

On commencera à cinq heures précises

Ouverture d'ATHALIE de Mendelssohn

Par l'orchestre du collège renforcé d'amateurs distingués (40 musiciens environ)

(Il y a un morceau de musique entre chaque tableau, se rapportant autant que possible à l'époque. On termine par le *God save the Queen*.)

Le Meurtre d'Abel
Le Sacrifice d'Abraham.
Le Jugement de Salomon.
Moïse et Aaron devant Pharaon.
La cour de Sésostris.
Le Temple d'Isis à Pompéi.
Interrogatoire d'un martyr sous Dioclétien.
La Déposition de Sainte Agnès aux Catacombes.
Réunion capitulaire de Saint Colomban à Benchor.
Le couronnement de Saint Edmond roi d'Angleterre, âgé de 15 ans.
Le Meurtre de Saint Thomas de Cantorbéry.
Marie Stuart à Lochleven.
Le supplice de Jane Gray.
Cour d'Élisabeth.
Épisode de la guerre des deux Roses.
Entrevue du camp du drap d'or.
Épisode du temps de Richard Cœur-de-Lion.
Les enfants d'Édouard.
Épisode du temps de Richard III.
Épisode du temps de Charles Ier.
Épisode du temps de Georges II.
Épisode du temps de Louis XIII.
Épisode du temps de Louis XIV.

Épisode du temps de Louis XV.
Épisode du temps de Louis XVI.
Une soirée pendant le Directoire, à Paris.
Entrevue de la Reine Victoria et de Louis-Philippe.
Mariage de la Reine Victoria à Westminster.

Il y a quelques lacunes, quelque oubli, peut-être, dans ce programme, reproduit de mémoire depuis 1853.

On remarquera que, contrairement à ce qui se passe dans nos maisons d'éducation, il y a des rôles de femmes qui furent remplis par des femmes, mères, et sœurs des élèves. — Là-bas, cela n'a point d'inconvénient, la vie de pension étant la vie de famille, et puis la base de l'éducation s'appuie sur le respect et la politesse *.

Un garçon impoli, ou impertinent, se ferait à l'instant même rosser et chasser par ses camarades que tout le monde approuverait.

Ces fêtes sont réellement des fêtes de famille, que la religion approuve, que la simplicité, je dirai même l'austérité sans exagération des mœurs maintient, que la politesse d'usage, et les convenances obligatoires, garantissent très suffisamment.

Il est infiniment regrettable que l'esprit de famille n'existe pas assez en France, et que le sens moral y soit trop peu cultivé, pour qu'un mélange semblable ne puisse avoir lieu sans inconvénient. Mais nous ne sommes pas assez sérieux, malheureusement ; oserai-je le dire ? pas assez *chrétiens*.

On pousse si loin l'exactitude des costumes, du mobilier et des décors, que chacun de ces tableaux instruit autant qu'il intéresse ; il fournit une foule de notions utiles, et un surcroît de connaissances pratiques aux spectateurs aussi bien qu'aux acteurs.

Il est d'usage que chaque tableau soit présenté et commenté en quelques mots, par l'un des étudiants, avec une simplicité technique qui aide à comprendre et à saisir les dé-

* La politesse qu'on appelle si justement : *l'art de se gêner.*

tails. On soigne beaucoup les accessoires, et chacun de ces tableaux a demandé des études approfondies, historiques, artistiques, esthétiques et philosophiques. On retire un excellent profit, pour les hautes études, de ces séances tout à fait inconnues dans nos maisons d'éducation, et qui, lorsqu'on les introduit dans notre monde léger se bornent en général à une série d'exhibitions plus ou moins convenables, plus ou moins dangereuses au point de vue des mœurs traitées si cavalièrement chez nous, à de rares exceptions près.

Je n'ai pas besoin d'expliquer pourquoi, ni comment.

Pour en revenir aux représentations théâtrales données dans nos collèges, nous sommes forcés de dire que la plupart de ces séances laissent trop apercevoir une sorte de négligence voulue dans les costumes et accessoires, et l'oubli volontaire de cette règle qu'on ne cesse pourtant de répéter à ces mêmes acteurs en tant qu'écoliers : *age quod agis*. Il semblerait qu'il soit au-dessous de la dignité de certains de ces messieurs, de s'occuper de ce qu'ils considèrent comme des détails bas, trop humbles, trop puérils pour leur dignité. Là encore s'exhibe malheureusement notre légèreté nationale, car s'il y a une occasion où le principe : *age quod agis*, soit indispensable, c'est assurément vis-à-vis du public qui peut se rendre compte, et se formaliser avec raison de cet oubli des convenances que rien n'excuse. C'est manquer aux devoirs de l'hospitalité, c'est presque se moquer des gens qu'on invite, et avoir l'air de ne point se soucier d'eux. — Est-ce que j'ai le temps de m'occuper de tout cela ! nous disait d'un ton de profond dédain l'un de ces grands personnages. — Mais alors, répondions nous, pourquoi donner une représentation? personne ne vous y force. N'en donnez point, cela vaudra mieux que de vous désintéresser aussi parfaitement de la question, et de la traiter avec un pareil sans-gêne, pour aboutir en définitive à quoi ? à un *fiasco*.

Il y a encore, fort heureusement, des maisons d'éducation consciencieuses; assez chrétiennes pour redouter cette très grave parole : — Maledictus qui facit opus Domini negligenter. — Là, au moins, on est assuré que tout se passera pour le mieux, sans l'ombre de négligence. Là, les examens, les études, les questions financières cèdent le pas au sentiment religieux sincère, au véritable esprit chrétien, lesquels règnent en maîtres, comme il convient. Ces maisons qui mettent, avant tout, leur confiance en Dieu, en reçoivent mille bénédictions, et une infinité de grâces. Elles prospèrent naturellement; elles savent en remercier le Divin auteur de tout don, et rapporter tout ce qui leur arrive d'heureux à leur Père, Créateur et Bienfaiteur.

Elles se réjouissent et ne se fatiguent jamais de le louer, et de répéter avec tout ceux qui l'aiment et le servent :

Soli Deo honor et gloria.

Il y a bien des sortes de public. Nous ne comprendrions pas qu'on osât livrer à un public non choisi, et non trié sur le volet, une pièce religieuse pareille à celle-ci. — *Non mittendus canibus*, est-il dit, en parlant des choses saintes. — Un théâtre chrétien exige d'autres spectateurs qu'un théâtre de foire, sous peine d'une profanation suivie d'un scandale et d'un insuccès. — Ce qui touche, — même de loin, — à Dieu, doit être l'objet de la plus grande circonspection et du plus profond respect. — C'est en pratiquant nous-même le respect que nous l'inspirerons aux autres et que nous nous ferons respecter.

Et comme ceci est destiné aux enfants particuliers de l'Eglise, c'est le cas de rappeler cette parole célèbre : *L'Église catholique est la plus grande école de respect qui fût jamais.*

Et c'est un dissident, M. Guizot, qui l'a prononcée.

CONCLUSION

Monseigneur Régnier dit quelque part dans son beau livre sur l'orgue écrit par un homme de bon sens, logique et artiste en même temps : *Du temps où David chantait : — Laudate Dominum in tympano et choro..., et in cymbalis bene sonantibus, — les Juifs n'avaient pas inventé, comme les chrétiens d'aujourd'hui, un théâtre tout exprès pour les divinités de la fable et pour occuper le monde profane. On pouvait et on devait d'autant mieux s'en servir en l'honneur du vrai Dieu, qu'ils avaient tous un usage national, et qu'alors les fêtes nationales n'étaient jamais que des fêtes Religieuses.*

Telle est l'origine des mystères, si aimés du moyen âge, et de l'art dramatique qui depuis a dévié et s'est égaré au point qu'il y a peu d'œuvres vraiment honnêtes, et que l'unique théâtre chrétien est celui d'Ober-Ammergau, où l'on représente avec dignité et convenance le plus beau des mystères, la Divine Passion de N. S. Ainsi, il faut aller dans un pays lointain, dans une vallée reculée des Alpes pour retrouver aujourd'hui ce qui faisait jadis le bonheur de nos pères, tout aussi intelligents et beaucoup plus chrétiens que nous, ce qui les rendait assurément bien meilleurs. Quelle honte pour la civilisation moderne de penser qu'on ne trouve que dans cet endroit presque sauvage ce qu'il y a de véritablement beau, ce qui élève, ce qui édifie, ce qui améliore. Le progrès de nos jours consiste uniquement, en fait de drame, à exagérer les passions, à embellir le vice, à émouvoir par des moyens que la vertu réprouve et que la Religion défend. Toute âme innocente et pure est exposée à y recevoir une atteinte mortelle, la jeunesse s'y flétrit, et l'Église l'a foudroyé de ses anathèmes, malheureusement trop bien mérités.

Voilà pourquoi nous appelons de tous nos vœux une réaction salutaire, un théâtre chrétien, des représentations qui, tout en vous intéressant, vous rendent meilleurs. Il y a toute une mine à exploiter du côté du bon et du bien, il semblerait que l'on commence à le comprendre, d'après certains projets dont le journal *la Croix* entretenait ses lecteurs en ces derniers temps, projets réalisables, désirables; auxquels tout chrétien devrait apporter son adhésion, et par suite son concours effectif.

Qu'il nous soit permis d'insister sur le tact, sur le profond respect que demandent ces représentations religieuses. Mais ce point essentiel obtenu, que de beaux résultats sommes-nous en droit d'espérer d'une pareille manifestation !

Ne serait-ce pas là une Mission en action ?

NOTE

Dans ce collége étranger où l'on a joué le Mystère des jeunes Martyrs pour la première fois, on avait l'habitude de faire l'offrande du pain bénit à la grand'messe, le jour de l'Epiphanie, avec la plus grande solennité. Le cortège des trois Rois Mages se déployait avec une rare magnificence. C'était l'occasion d'apprendre à la communauté toutes les allégories essentiellement religieuses qui abondent dans cette grande fête de la Manifestation du Dieu-Homme à la gentilité, et l'on n'y manquait point.

On lira avec intérêt la description de cette splendide et touchante procession traditionnelle qui semble venir mettre au pied de la Crèche la fleur de la poésie, de la majesté humaine, des vertus, et l'excellence de toute chose.

Les souverains d'Orient avec leur suite forment trois groupes principaux. Leur nombre mystique de trois correspond aux trois personnes de la Très Sainte Trinité.

1° Le Saint Esprit, nous a donné l'Intelligence et la Foi.

Le Roi blanc. — Ou des Parfums, qui offre l'Encens, signifie : La Divinité du Christ. C'est donc la Foi, la Religion, la Piété, la Prière. L'Ange Gabriel, ministre du Mystère de l'Incarnation, principal motif de la Foi.— Intelligence.

2° Dieu le Père nous a donné son Fils, c'est-à-dire le résumé de toute sa puissance et de toutes ses richesses.

Le Roi d'or indique, par l'or qu'il offre, la souveraineté, la puissance et les trésors de Dieu. Par l'or on entend la charité, l'amour pur, la Royauté de Notre Rédempteur Roi des Juifs, Christ Roi des Rois. C'est encore le trésor du Ciel notre héritage.

3° Dieu le Fils, nous a donné sa vie et nous a sauvé.

Le Roi Noir par la Myrrhe emblème de la Sépulture de Jésus-Christ rappelle l'humanité de Notre Seigneur homme de sacrifice et de douleur. C'est l'Espoir fondé sur la Croix : — *Crux spes unica.* — Sur Marie : *Spes nostra.* Il enseigne la Pénitence, le Sacrifice, la Contrition, l'Agneau qui efface les péchés du monde.

La Pénitence, c'est le remède par excellence; aussi voit-on Raphaël dont le nom veut dire : Remède de Dieu. De même l'Ange de la puissante force de Dieu, S. Michel, accompagne-t-il le Roi d'or.

S. Jean l'Évangéliste paraît avec la Foi portant son Apocalypse.

S. Tarcisius, Protomartyr de l'Eucharistie, personnifie la Charité.

S. Jean-Baptiste, la Pénitence, qu'il a spécialement prêchée.

Les couleurs mêmes et les objets employés ont leur signification. Le blanc, c'est l'innocence et la pureté, c'est la couleur de festivité de l'Église, le rouge, l'ardeur de la charité, la ferveur. Le rouge feu rappelle la braise de l'encensoir, le gris-bleu, sa fumée odorante, les plumes montrent l'oiseau qui s'enlève au-dessus des objets terrestres, la colombe est l'image du St-Esprit; les roses et les lys sont les vertus et les prières de l'amour et de la candeur. Les fourrures rappellent l'opulence royale, la peau velue sur les mains de Jacob, le gentil, mis au lieu et place d'Esaü, le juif prévaricateur, l'héritage de l'aîné passant au second; le noir, c'est le deuil, la tristesse; le vert, l'espérance; le bleu, le ciel, etc.

Décrivons maintenant l'ordre et la marche de cette belle procession.

Un maître de cérémonies s'avance suivi de deux bedeaux.

Puis vient l'Étoile portée par un ange. Elle est brodée en argent et diamants sur une bannière — disque de velours bleu foncé, entourée de rayons comme un ostensoir; un long rayon cache le manche et la fait ressembler à une comète. Les deux côtés sont semblables.

Deux pages revêtus des armoiries de la Maison suivent.

PREMIER GROUPE. — Le Roi Blanc.

Un Mazzerius ou Massier revêtu d'une simarre blanche porte la bannière qui a d'un côté le Saint-Esprit sous la forme d'une colombe brodée en argent sur velours de soie blanc, les rayons en paillettes et traits d'argent et d'or. De l'autre côté, les mots : *Fides* — *Incensum* — *Deitas*, en lettres d'argent sur velours bleu pâle.

L'ange Gabriel avec sa branche de lys.

Deux anges l'accompagnent portant sur des phylactères. — *Ave Maria, Gratia plena.*

Deux bouquets de roses et de lys. — Tuniques roses et blanches.

Deux brûle-parfums antiques fumants. — Tuniques gris perle et rouge feu.

La Couronne du Roi Blanc, sur un coussin blanc, le porteur en blanc.

La Foi. — Calice. — Blanc et argent.

S. Jean l'Évangéliste portant l'Apocalypse. — Lame d'or sur le front.

La Piété. — Petite croix d'or. — Bleu et argent.

Ces trois personnages marchent de front.

Deux enfants de chœur soutane blanche et cotta portant la navette en forme de navire et l'encensoir de vermeil fumant.

Le Roi blanc entre deux princes assistants, la queue de son manteau soutenue par deux pages. Tous blanc et argent, perles, diamants et saphirs.

SECOND GROUPE. — **Le Roi d'Or.**

Le Massier en rouge porte la bannière de velours rouge où se trouve la figure de Dieu le Père bénissant inscrite dans un triangle rayonnant. Broderie au petit point et d'or, paillettes et rinceaux d'or avec pierreries et dessins d'or en bosse. Drap d'or de l'autre côté avec ces paroles : — *Caritas* — *Aurum.* — *Regnum.* Lettres brodées en rouge.

Tous les personnages de ce groupe sont vêtus d'or et de rouge avec fourrures et pierreries, pièces antiques d'or, diamants, topazes et rubis.

L'Archange S. Michel armé entre deux anges portant. — — *Quis ut Deus?* — *Dominus tecum.*

Puis viennent : l'épée, — la couronne Impériale, — la couronne Royale, — la Tiare et les clefs, — le Sceptre, — la main de Justice, — attributs de la puissance portés par des pages habillés d'or et de rouge.

La Charité. — Cœur. — Rouge et or.

S. Tarcisius. — Ciboire. — Satin rouge.

La Persévérance. — Couronnée et portant des couronnes d'or.

La couronne du Roi d'or sur un coussin d'or portée par un page d'or. L'or dans un coffret sur un coussin de velours rouge porté par un page rouge, le Roi d'or entre quatre princes assistants or et rouge, fourrures et quantités de gemmes. Trois nègres, rappelant le pays de l'or, portent la longue traîne de son manteau d'or.

TROISIÈME GROUPE. — **Le Roi Noir.**

Un Massier vêtu de violet porte la bannière en velours violet sur laquelle est brodé l'Enfant Jésus de Mgr de Ségur, couché sur la paille, serrant une croix de bois sur sa poitrine. Rayons en paillettes or et argent. L'autre face est en velours vert foncé bordé de noir. — *Spes.* — *Myrrha.* — *Humanitas,* en lettres violettes rehaussées de noir, d'or et d'argent.

Tout ce groupe est noir, brun, vert, gris, violet. Diamants, améthystes, émeraudes, jais. — On sait que le violet est le deuil des souverains.

L'ange Raphaël avec le jeune Tobie portant le poisson symbolique. Trois anges avec phylactères : — *O Crux ave, Spes unica.* — *Salve Regina, spes nostra.* — *Mater Sanctæ Spei.*

Deux bouquets de roses de Noël et de Jéricho. Tuniques vertes et violettes.

S. Jean Baptiste avec son agneau et sa croix, entre la Pénitence en gris et brun, et l'Espérance en vert avec son ancre.

Deux pénitents gris avec leur cagoule, portant l'un le cilice, et l'autre la discipline.

Puis viennent : S. François d'Assise stigmatisé entre S. Antoine de Padoue portant l'enfant Jésus entre ses bras, et S. Antoine Ermite avec son bâton et sa clochette. — Puis S. Louis portant la Couronne d'Épines entre Ste Véronique avec son suaire, et Ste Marie-Madeleine la grande pénitente.

Les neuf chœurs des anges portant les instruments de la Passion. Chacun porte inscrit sur le chaperon de sa chape le nom de son ordre en lettres gothiques d'or.

Le premier ordre porte des chapes d'argent.

1. (Angeli) porte les liens et les chaînes. Sur l'orfroi de

la chape une bande de velours bleu de ciel brodée de paillettes d'argent.

2. (Archangeli) les marteaux et tenailles. Sur l'orfroi deux bandes pareilles.

3. (Principatus) le roseau et l'éponge. — Trois bandes,

Le second ordre porte des chapes or et argent.

4. (Virtutes) les flagelli. — Quatre bandes.

5. (Dominationes) le titre de la croix. — Cinq bandes.

6. (Potestates) le linceul. — Six bandes.

Le troisième ordre porte des chapes d'or.

7. (Throni) les clous. — Sept bandes.

8. (Cherubim) la lance. — Huit bandes.

9. (Seraphim) la Croix. — Neuf bandes.

La couronne du Roi noir. — Tunique noire et or.

La Myrrhe dans une coupe d'or. — Tunique verte, noire et violette. Le Roi noir entre deux princes assistants noirs, or, vert et violet. Quatre pages noir, vert et or, portent les quatre coins du manteau, six pénitents noirs en cagoule, couronnes d'épines en diamants, portent des palmes et des fioles antiques de sang, emblèmes du martyre.

Enfin paraît l'ange de la Résurrection blanc et or portant la bannière blanche, brillante, où est brodé d'un côté le Christ pascal, rayonnant, vainqueur de la mort, brisant la pierre du sépulcre; de l'autre côté : Alleluia écrit en paillettes d'or. — Devant lui l'ange gardien,

Il est accompagné de quatre anges. Phylactères. — *Regina cœli, lætare, alleluia.* — *Quia quem meruisti portare, alleluia.* — *Resurrexit sicut dixit, alleluia.* — *Ora pro nobis Deum, alleluia.* — Sept anges portent de grands flambeaux allumés. — Ailes or et bleu.

(Les trois Rois portent chacun le pedum d'or du voyageur et du pèlerin.)

Deux cérémoniaires ferment la marche et veillent à l'ordre du cortège [1].

Cette procession suit le pain bénit apporté comme d'habi-

[1] *Je regrette de ne pouvoir donner ici le programme explicatif qu'on distribuait* cela nous mènerait trop loin.

tude par quatre enfants de chœur, précédés par les quatre qui portent le bénitier avec le goupillon, le carton avec les prières de la bénédiction du pain, le cierge liturgique, et l'instrument de paix.

Après la bénédiction du pain, on baise l'instrument de paix en défilant. Chaque Roi offre l'encens, l'or et la myrrhe, selon ce qu'il représente. — On a soin de revenir par un autre chemin pour se conformer aux paroles de l'Évangile du jour, — *per aliam viam reversi sunt.*

C'est le Roi blanc qui sert de thuriféraire pendant l'office. Il encense à l'Élévation, pendant que les deux autres Rois soulèvent la chasuble de l'officiant, à la place des servants ordinaires qu'ils remplacent encore à l'Offertoire, au Lavabo et aux ablutions.

La crèche étant placée au milieu du chœur, on dispose les Mages avec leur suite alentour, prenant l'espace nécessaire pour que la circulation s'effectue sans encombre. C'est là qu'ils se tiennent pendant les offices de la journée, et qu'ils s'efforcent, par leur attitude pieuse et recueillie, d'édifier tous ceux qui ont l'avantage d'assister à cette imposante cérémonie.

Naturellement, la fève du gâteau des Rois, échue la veille, a désigné Gaspard, Melchior et Balthazar, ou comme les appelle Catherine Emmerich dans ses révélations, Menzor, Seir et Théocéno.

Ces costumes ont été reproduits d'après le célèbre tableau de Paul Véronèse, *l'Adoration des Mages,* et d'après les fresques de Flandrin à Saint-Germain-des-Prés et à Saint-Vincent-de-Paul. Et en imitant le grand peintre de l'école de Venise on a eu soin d'éviter les anachronismes et ses bizarreries. La gravité du sujet ne pouvait les tolérer, malgré leur mérite artistique.

OFFERTOIRE DE LA MESSE DE L'EPIPHANIE. — *Reges Tharsis et Insulæ munera offerent; Reges Arabum et Saba dona adducent; et adorabunt eum omnes Reges terræ; omnes gentes servient illi.* — *Communion.* — *Vidimus stellam ejus in Oriente, et venimus cum muneribus adorare Dominum.*

Poitiers, — Imprimerie BLAIS, ROY et Cie, 7, rue Victor-Hugo

www.ingramcontent.com/pod-product-compliance
Lightning Source LLC
LaVergne TN
LVHW010602110826
845149LV00003B/742

9782019177058